Raffaele De Benedictis

ORDINE E STRUTTURA MUSICALE NELLA DIVINA COMMEDIA

EUROPEAN PRESS ACADEMIC PUBLISHING
2000

*Alla memoria di mio padre:
che' mi ha insegnato
ad apprezzare la vita
anche sul suo piano estetico*

Cover design by Geneviève Mayers

ISBN 88-8398-000-X

©2000 by European Press Academic Publishing
Via Valle Bantini,4 - Fucecchio (FI) Italy
www.e-p-a-p.com
Proprietà letteraria riservata - *Printed in Italy*

Sommario

INTRODUZIONE

Iniziare è un po' come prendere la parola nel mezzo del discorso; un discorso, questo, embrionalmente inteso, che permetta alla stessa parola di ricomparire ed omologarsi in un contesto nuovo, nel contesto di un discorso che ancora non esiste, ma che è in movimento fino alla sua compiutezza. E' proprio in questo modo che ci addentriamo nel corpus musicale delle opere dantesche, e, più specificatamente, della *Commedia*. Interventi e discorsi musicali sul poema sono già stati fatti e hanno prodotto i loro esiti, ma, nonostante tutto, siamo tornati nuovamente sullo stesso argomento perché era sorta l'esigenza di una nuova ipotesi di lavoro. Nelle pagine che seguiranno, cercheremo di scoprire i meccanismi, le relazioni, il funzionamento dei singoli elementi costitutivi che determinano la struttura musicale della *Commedia*.

Nel passato, come pure nel presente, vari studiosi hanno avuto modo di cimentarsi con la musica della *Commedia*; ma, sebbene i vari contributi costituiscano un prezioso apparato critico, rimane pur sempre la mancanza di una completa e sistematica valutazione. E' appunto questo il motivo che ci spinge a riflettere e ad impostare, sotto un'ottica nuova, l'approccio critico relativo alla musica della *Commedia*. Nella presente ricerca, la musica si esaminerà nelle sue variegate implicazioni testuali. Si dimostrerà, inoltre, come sul piano riorganizzativo e di sviluppo, funga da indicatore strutturale nello svolgimento di tutta l'opera.

Il primo capitolo è principalmente volto a puntualizzare le nozioni musicali che vanno da Pitagora a Dante, con particolare insistenza sul manuale tecnico di Severino Boezio: il manuale che più influenzò il Medioevo e Dante stesso, il *De institutione musica*.

Echi dell'opera boeziana si riscontrano sia nelle opere minori, specialmente nel *Convivio* e nel *De vulgari eloquentia*, che nell'opera maggiore, *La Divina Commedia*. Come si potrà constatare nei capitoli che seguono, tutta l'ipotesi di lavoro è incentrata sul dato strutturale della musica e lo troviamo distribuito, con maestria e abilità sbalorditiva, in tutte le parti del poema. Meno evidente e piuttosto dubbia, comunque, come sostenuto da Amilcare Iannucci, è la diretta conoscenza del *De institutione musica* da parte di Dante.[1] Secondo Iannucci, e in conformità alla tradizione culturale del Medioevo, sembra quasi certo che Dante conoscesse il trattato boeziano in forma indiretta o "mediata".[2] È un po' come dire che Dante conosceva il manuale di Boezio nella maniera in cui uno studente conosce un autore tramite la lettura di una qualsiasi antologia scolastica.

Nel *De mus.* troviamo la teoria classica della musica delle sfere. Boezio apprese tale nozione (solo per menzionare alcuni nomi) da Pitagora, Platone, Aristotele, Cicerone. La nozione della musica delle sfere è un' *imitatio* delle fonti classiche, tuttavia boeziana è, e come tale rimane, la categorica tripartizione dell'*ars* in: *musica instrumentalis*, *musica humana*, *musica mundana*.

Le leggi pitagoriche relative alla musica si riferiscono principalmente alla matematica e all'ordine delle cose. Per Pitagora, il numero è un dato essenziale per la determinazione delle consonanze musicali. Siccome la consonanza è quella parte distintiva che rende la musica degna del proprio nome, segue che tale fattore è la determinazione del rapporto numerico che unisce le note in un tutto armonico ed è capace di generare l'accordo delle eterogenee unità sonore. L'importanza del numero, allora, risiede nella sua intrinseca e unitiva qualità che è, appunto, il rapporto o *ratio* delle suddette unità sonore. Nel rapporto, perciò, risiede il valore musicale del numero, perché vi si trova il termine mediante il quale l'*uno* è riaffermato attraverso la costante ricerca dell'ordine.

Sempre nella ricerca dell'ordine, ma usando un approccio diverso da quello pitagorico, Platone rivela la sua visione d'armonia del mondo mediante la rappresentazione del cosmo come immagine di *forma*. La *forma*, nella concezione platonica, deve possedere tre elementi costitutivi: l'esistenza, l'uguaglianza e la differenza. Solo presi insieme tutt'e tre questi elementi la legittimano e la rendono essenza immutabile, e quindi, capace di manifestarsi nella fattispecie di *anima mundi*. Tale concezione platonica è presente nel *De mus.* di Boezio che spiega il movimento ciclico delle quattro stagioni dell'anno. Presente è, inoltre, anche negli elementi della natura allo scopo di mettere in enfasi la relazione che è alla base del loro compito precipuo, quello di riunirsi con la *forma* eterna. Dante seguì attentamente questo sistema platonico e lo considerò modello efficace per liberare l'anima dal giogo del peccato (caos morale) e ricondurla all'eterno ordine. Nel contesto platonico, l'ordine eterno è un dato che si riferisce propriamente alla *forma*. In tal senso, l'anima umana ha bisogno di ricercare la propria forma eterna ed eventualmente ritornare ad essa. Una facoltà questa caratterizzata dalla corruzione della stessa per effetto del suo divenire materiale e la volontà di salvazione mediante un atto di coscienza emendativa. La salvazione, non incidentalmente, è il messaggio centrale di tutta la *Com.*.

L'implicazione musicale getta luce anche sui principi estetici della *Com.*. Di fatto, se la musica è considerata nei suoi lineamenti fondamentali, specialmente quale sistema di suoni articolati, non solo effonde un'idea di ordine, ma, allo stesso tempo, ripropone tratti di bellezza. Tali principi estetici in Dante servono a comunicare un messaggio musicale. Essi sono sostanzialmente due: suono e luce. Il poeta li usa in modo intercambiabile per risolvere il problema di ordine sia sul piano microcosmico che su quello macrocosmico. La *bellezza*, perciò, in questo senso, non deve essere intesa come fine a se stessa, ma ai fini dell'ordine. Essa è forza cinetica che si sforza di creare e mantenere l'accordo e l'ordine del mondo. L'estetica, dato implicito della *Com.*, è strettamente associata alla musica, perché quest'ultima, come l'estetica, è governata dalle stesse leggi costitutive. Il termine fisso, cioè quello di raggiungere l'accordo delle differenze mediante dei rapporti, è applicabile sia alla musica che alla bellezza. Non è un caso strano, allora, assistere a digressioni tematiche mediante cui Dante, *ex abrupto,* si sposta dall'una all'altra, cioè dalla musica all'estetica. Spostamenti di questo tipo, sebbene digressivi in apparenza, sono pertinenti e tecnicamente comprensibili dalla schematizzazione del nostro metodo di osservazione.

Le opere minori di Dante formano un ricco apparato di nozioni musicali viste nel loro contesto classico-medievale. Iniziando dal *Conv.*, le leggi pitagoriche della musica, basate su valori numerici, e che il poeta, come lui stesso afferma, apprese dal primo libro della *Fisica* di Aristotele, sono messe a nudo specialmente nella parte 2.13.18 del trattato.[3] Attraverso le connessioni di valori numerici che si riferiscono al pari e al dispari, tutte le cose della natura sono dominate da una funzione numerica. Interpretato secondo questa chiave di lettura, il passo del *Conv.* allora è senza dubbio un passo di stampo musicale. Esso è tale in quanto, secondo Pitagora, musica e matematica sono governati dagli stessi principi costitutivi.

Se la musica del *Conv.* serve a puntualizzare un modello filosofico del pensiero dantesco, quella del *D.V.E.* ne determina l'unità poetica. Identifica in aggiunta i suoi livelli strutturali e aiuta a ripristinare il perduto rapporto tra *signa* e *res.* E' questo, in sostanza, ciò che Dante chiama: "fabricatio verborum armonizatorum" (*D.V.E.* 2.8.5).[4] Nell'interpretare tale definizione, l'atto poetico si presenta come un sistema di strutture, insieme e contemporaneamente nella qualità di musica e di "fictio rethorica". Dante definisce la poesia, nella sua visione globale, come un'invenzione espressa in versi per mezzo di retorica e musica: "...nihil aliud est quam fictio rethorica musicaque poita" (*D.V.E.* 2.4.2-3). Inoltre egli aggiunge che qualsiasi cosa espressa poeticamente costituisce una rivelazione musicale: "cum quicquid versificamur sit cantio" (*D.V.E.* 2.3.4).

Per certi versi anche il trattato politico, il *De monarchia*, racchiude forti risonanze musicali che rientrano nel bagaglio culturale dantesco. Qui il poeta insiste sull'importanza del numero per spiegare il tipo di relazione che dovrebbe instaurarsi tra gli uomini. Questo al fine di mantenere la pace con i popoli di tutto il mondo. Dante suggerisce che la miglior forma di governo è quella basata sul concetto di *unità*; per lui tale forma si trova solo nella monarchia universale. Il mondo dovrebbe avere un solo sovrano, così che, scrutando attentamente le inclinazioni umane, non si creerebbero conflitti per effetto di tendenze nazionalistiche. Questo perché, essendo il sovrano una sola persona e il mondo una sola nazione, le debolezze umane si vedrebbero mancare quella dovuta condizione di eterogeneità su cui prosperare. Dante spiega questo punto attraverso una massima filosofica: "omne diligibile tanto magis diligitur quanto propinquius est diligenti" (*D.M.* 1.11.15).[5] L'unità nel *D.M.* è un'espressione di ordine numerico, è la riduzione della pluralità ad unità tra le genti del mondo. Lo stesso motivo si evince dal carattere politico del trattato che è anch'esso numerico, ma subordinato ad una funzione musicale. È musicale per la semplice ragione che (per analogia) come il musicista riduce all'unità le singole note della scala musicale, così fa il monarca universale che riunisce tutti i popoli della terra sotto l'armonia di un governo universale.

La visione politica dantesca si basa sulle leggi naturali, ed è appunto attraverso queste leggi che l'uomo riesce ad afferrare l'ordine fondamentale delle cose e, conseguentemente, della musica stessa. La musica è armonia trascendentale e non una semplice *ars* comune; essa è rivelazione di una verità divina.

La musica della *Com.* è tutta particolare e deve essere valutata a parte per quello che riguarda il suo processo formativo. L'intera cantica dell'*Inf.* occupa una posizione di rilievo nella struttura musicale del poema. Prima di tutto è diversa da quella del *Pur.* e del *Par.* per l'ovvia ragione che è musica dell'*Inf.*, ma in particolar modo perché in essa vi è assenza di musica, o più precisamente, per la presenza di anti-musica. Sebbene contraddittorio e ambiguo in apparenza, tale stato delle cose identifica il più particolareggiato e insolito modello della musica infernale. Così che da una parte si ha la tendenza a definire l'*Inf.* quale luogo di assenze musicali perché, stando al giudizio di vari critici, le manifestazioni uditive non favoreggiano quindi, non permettono la realizzazione dell'armonia; dall'altra ci sono quelli che vedono il suo panorama musicale principalmente come un pieno di anti-musica. Questo perché, invece di concentrarsi sul presupposto di assenza armonica nella fattispecie di armonia tradizionale della musica, preferiscono piuttosto concentrarsi sull'ipotesi di una incalzante presenza di rumori quindi, di anti-musica; che in effetti è un capovolgimento di veduta per la ragione che frastuoni, urli, lamenti, bestemmie e via dicendo..., per la loro precisa e attenta propagazione in tutto il regno infernale, formano una vera e propria armonia del caos, ossia un'armonia del disordine e della sregolatezza, un'armonia dell'anti-musicalità. Quindi anche l'*Inf.*, sotto questa ottica, è una cantica pregna di musicalità, di una musicalità che paradossalmente vive nell'anti-musicalità. E lo stesso dicasi per la poesia dell'*Inf.*, cioè essa è musicale e bella, perché perfettamente brutta sul piano estetico-contenutistico.

Ma, nonostante vi siano due punti di vista sulla musica dell'*Inf.*, bisogna tuttavia riconoscere che ambedue ci portano alla stessa conclusione, e cioè a quella di ritenere la prima cantica quale regno del disordine, del luogo "senza tempo", come il poeta stesso ci dice. La mancanza dell'ordine, e quindi del tempo, inteso nella fattispecie di non-corrispondenza delle cose ivi trovate, mettono in enfasi l'impedimento della *musica instrumentalis* e la sua mancata realizzazione. Figurativamente tale impossibilità di realizzazione rivela uno stato di non-armonia delle anime. Perciò il disordine della *musica instrumentalis* rispecchia, nel quadro generale della cantica, una sconnessa e caotica *musica humana*.

E' questo un dato individualizzante conforme a un crescendo narrativo di antimusicalità per il fatto che più si scende nella voragine infernale attraverso la lettura e più il suono traligna. Una forma di degenerazione questa che diventa culminante attraverso il lubrico gesto della *tuba ventris* di Barbariccia, un *ridiculum* medievale dell'*obscenus sonus*: "ed elli avea del cul fatto trombetta".

Nel *Pur.* la musica assume un ruolo completamente diverso. Se nell'*Inf.* serve a porre in risalto il caos e la degenerazione del suono, nel *Pur.* si verifica l'opposto. Qui, dall'inizio, attraverso lo svolgimento narrativo degli eventi, si attua un processo emendativo della musica. Dante ci informa di questo cambiamento di rotta con una terzina di singolare spicco musicale: "Ma qui la morta poesì resurga,/o sante Muse, poi che vostro sono;/e qui Calïopè alquanto surga," (*Pur.* 1.7-9).[6] Questo passo è la premessa tematica del *Pur.*, che, oltre ad annunciare figurativamente il luogo dove le anime vanno "a farsi belle", cioè dove le anime si purgano dai peccati, annuncia inequivocabilmente una svolta musicale: è il primo tentativo mediante il quale si cerca di sgombrare il disordine musicale incontrato nel regno dei dannati. Ciò avviene col risorgere della poesia, che è, sì, ripristino del valore poetico del dire in rima, ma anche e non di meno rinascita musicale, se si vuole aderire alla concezione dantesca di poesia, cioè di: "fictio rethorica musicaque poita". Una creazione poetica, quella dantesca, fondata sulla retorica e musica, in assenza delle quali la poesia non potrebbe realizzarsi.

Tali nozioni mettono a nudo il livello polisemico del verso introduttivo del *Pur.* ("qui la morta poesì resurga") che è un *topos* nel quale, mediante la rinascita della poesia attraverso la lettera, si concretizza il contenuto e permette al lettore di comprendere l'altro significato meno evidente: la purgazione dei peccati dell'anima, l'eliminazione dei rumori, il riaccordo dell'anima con se stessa. Tale motivo è puntualizzato, in aggiunta, da altri dettagli linguistici, cioè da quei dettagli che mettono in risalto l'assenza totale di veri episodi e motivi discordanti.

Tutto questo per effetto della singolarità della lingua che il poeta usa: nel *Pur.* troviamo un repertorio lessicale molto piacevole che agisce sull'aspetto narrativo di questo secondo regno e, contrariamente all'*Inf.*, ne ristabilisce il giusto equilibrio. Senza dimenticare, ovviamente, il ruolo della luce che sostanzialmente mira allo stesso fine, cioè a sostegno del discorso musicale: la luce si impone sull'oscurità in tutta la cantica, eccetto che nel volgere del giorno, che è un dato cronologico al quale Dante deve attenersi. Questi dettagli secondari puntano tutti nella stessa direzione e, a nostro giudizio, costituiscono l'intenzionalità dantesca, cioè quella intenzionalità di farli convergere tutti verso lo stesso punto, verso il punto che permette di captare la struttura della *Com.* nella forma di viaggio musicale dell'uomo a Dio. Sulla vetta della montagna del *Pur.* la *musica humana* è ripristinata per intero. Tale situazione permette al pellegrino di fare esperienza del terzo livello musicale, quello che è propriamente del *Par.*, la musica cosmica.

Come la musica del *Pur.* è diversa da quella dell'*Inf.*, così quella che troviamo nel *Par.* è diversa da quella del *Pur.*. Questa è la musica dell'ineffabilità perché riflette l'armonia del cosmo. Si riferisce al movimento della "caeli machina", comunemente conosciuta nel tempo di Dante -per usare una terminologia boeziana- come *musica mundana*. La descrizione di Boezio della *musica mundana* verte sulla combinazione dei quattro elementi cosmici, sulla relazione delle quattro stagioni dell'anno, sul movimento delle sfere celesti che, secondo Boezio, tendono tutte verso lo stesso fine e servono a mantenere l'ordine del mondo. Dante condivide il punto di vista boeziano, tanto che, nel primo canto del *Par.*, egli invita il lettore a prendere atto della musica delle sfere:

> *Quando la rota che tu sempiterni*
> *desiderato, a sé mi fece atteso*
> *con l'armonia che temperi e discerni*
> ....
> *la novità del suono e 'l grande lume*
> *di lor cagion m'accesero un disio*
> *mai non sentito di cotanto acume.*

Siccome la *musica mundana* è principio di ineffabilità, Dante deve trovare il modo adatto per esprimere quello che di essa è inesprimibile discorsivamente. Egli trova la soluzione a tale difficoltà premettendo che tutto quello che è oggetto della sua descrizione, relativamente alla *musica mundana*, è una mera approssimazione. Ammette, in aggiunta, che il mezzo più efficace a sua disposizione, la lingua, risulta inefficace di fronte a tanta grandezza. In varie parti del *Par.* Dante ci ricorda di scrutare tale impedimento affermando che ogni cosa che lui dice deve essere concepita nella sua limitata discorsività. In questo modo possiamo notare che l'intenzionalità musicale di Dante è duplice: da una parte la musica cosmica è gestita positivamente, sebbene limitata dalle facoltà conoscitive umane, per il fatto che Dante riesce a parlarne in termini gnoseologici; dall'altra, il poeta dimostra la natura trascendentale della *musica mundana* indicando che tutto ciò che lui esprime "per verba" è insufficiente, limitato e approssimativo.

Preso dalla difficoltà del non poter pienamente parlare della musica celeste, per reiterare e ampliare tale motivo narrativo, Dante si serve della danza. Nel *Par.* scopriamo luoghi essenzialmente euritmici che propendono a gettar luce su tale motivo. Tutti i casi di danza, indistintamente, fanno da supporto alla musica e la coadiuvano nel suo processo di definizione. Il rapporto tra musica e danza è chiaro e Dante lo indica esplicitamente:

> *Sì tosto come l'ultima parola*
> *la benedetta fiamma per dir tolse,*
> *a rotar cominciò la santa mola;*
> *e nel suo giro tutta non si volse*
> *prima ch'un'altra di cerchio la chiuse,*
> *e moto a moto e canto a canto colse.*
>
> *(Par.12.1-6)*

Nella parte conclusiva del *Par.* un dettaglio che non dovrebbe sfuggire al lettore è la presenza del *movimento*. Infatti è proprio con il movimento che Dante conclude la *Com.* e, in quest'ultima cantica, ne controbilancia l'assenza riscontrata nell'*Inf.* e ne realizza il ripristino iniziato nella cantica del *Pur.*. A questo punto, visto che la musica trascende le facoltà umane, l'unico modo per esprimere la sua presenza è attraverso il movimento. La lingua certamente non può essere più di alcun aiuto perché Dante, con chiare e precise parole, puntualizza:

> *Omai sarà più corta mia favella,*
> *pur a quel ch'io ricordo, che d'un fante*
> *che bagni ancor la lingua a la mammella.*
> *(Par. 33.106-08)*

Così è compito del movimento trasmettere l'unica evidenza sensibile capace di illustrare il completamento della struttura musicale della *Com.*, e sicuramente riesce alla sua impresa visto che:

> *A l'alta fantasia qui mancò possa;*
> *ma già volgeva il mio disio e l' velle,*
> *sì come rota ch'igualmente è mossa,*
> *l'amor che move il sole e l'altre stelle.*
> *(Par. 33.142-45)*

CAPITOLO I

Cenni storici e aspetti critici della musica speculativa delle origini fino a Dante

Le origini della musica quale disciplina artistica e materia di studio si perdono nella notte dei tempi. La lunga tradizione musicale è sostenuta dall'attenzione costante rivolta alle sue caratteristiche compositive e queste nelle loro funzioni primarie costituiscono un nesso inscindibile con la dinamicità naturale delle cose che ci circondano. In termini più storicamente investigabili e aderendo a una tradizione che risale a Severino Boezio, si può affermare che le funzioni musicali sono intrinseche all'uomo, specialmente se riferite alla sua sensibilità trascendentale.[7] E' questa, in sostanza, la definizione di "Trascendental sensitivity" (sensibilità trascendentale) che Leo Spitzer usa nel descrivere le proporzioni musicali che sono radicate nell'uomo.[8] Congettura del senso interiore, come dice lo stesso Spitzer, derivata da Sant'Agostino.[9]

Dopo tutto, considerando quanto detto sopra e riconoscendo il fatto che Dante fu rampollo della stessa cultura, non suscita sicuramente stupore che egli, in un passo del suo convito filosofico, sostenga idee musicali di stampo classico-medievali:

> *...la Musica trae a sé li spiriti umani, che quasi*
> *sono principalmente vapori del cuore, sì che quasi*
> *cessano da ogni operazione: sì è l'anima intera,*
> *quando l'ode, e la virtù di tutti quasi corre allo*
> *spirito sensibile che riceve lo suono.*
>
> *(Conv. 2.13.24)*

Sebbene in questo preciso punto del *Conv.* egli non fornisca dettagli sul significato dell'esperienza musicale, ne rende comunque chiare le proprietà che, per gli aspetti più immediati, si possono considerare non dissimili dal pensiero boeziano. La parte carica di significato è "la virtù di tutti quasi corre allo spirito sensibile che riceve lo suono". Essa è tale per il fatto che segue lo stesso ordine di interiorizzazione musicale usato da Boezio nel *De musica*. Infatti per Dante, come pure per Boezio, il senso dell'udito è il primo fattore umano chiamato in causa nella dinamica ricettiva del suono. Ma l'aderenza, o influenza tematica, che vediamo qui delineata, non autorizza a parlare di rilevanze intertestuali tra *De mus.* e *Conv.*, perché rimane pur sempre la *vexata quaestio* delle "strategie ... imitative" dantesche.[10] Ultimamente, Amilcare Iannucci ha affrontato in maniera esauriente il problema delle strategie imitative ed ermeneutiche dantesche, che fino a poco tempo fa, specialmente la critica dantesca americana, ha mancato di chiarire:

> ...*la lettura che Dante compiva dei suoi autori era* mediata, *e l'apparato critico che corredava i testi spesso determinava l'interpretazione di passi specifici. Una delle manchevolezze della critica dantesca americana più recente (di quella cioè che si è occupata del rapporto coi classici) è che essa non ha tenuto in debito conto la complessità dell'atto del leggere in una cultura manoscritta dotata di filtri molteplici. Si è dato cioè per scontato che lo scambio intertestuale tra Dante e i suoi* auctores *avvenisse per lo più senza mediazioni.*
>
> *(Iannucci 10-11)*

Nel determinare la dinamica di lettura dantesca, Iannucci si avvicina alla tesi di Segre. Quest'ultimo, riprendendo il termine *intertestualità* di Julia Kristeva per stabilire la ricostruzione delle fonti e rielaborando inoltre il termine bachtiniano di *pluridiscorsività* che si riferisce ad una serie di rapporti che un testo, sia esso orale o scritto, stabilisce con "tutti gli enunciati (o discorsi) registrati nella corrispondente cultura e organizzati ideologicamente", arriva ad una conclusione articolata sulle due polarità distinte di *intertestualità* e *interdiscorsività*.[11] Entrambe sono essenziali per l'identificazione del discorso intorno al quale gravita il divenire sia del romanzo che della poesia. In aggiunta, per il "principio interattivo" che le informa, è impossibile separarle e parlare solo di *intertestualità* o di *interdiscorsività* in un'opera letteraria. Sebbene Iannucci adotti una diversa terminologia, egli è fondamentalmente solidale con Segre relativamente al modo di leggere di Dante.

Tenendo ben a mente questi utili fondamenti critici, seguiremo il reperimento delle fonti musicali che, o direttamente o in forma mediata, concorrono alla formazione delle teorie musicali che sono alla base delle opere dantesche.

Secondo la ricostruzione di Umberto Eco, i greci ebbero la musica ionica, lidia, dorica e frigia.[12] Non si tratta semplicemente di melodie diverse, ma di diversi "modi" che agiscono sulla predisposizione e sulla recezione sensoriale di chi ascolta. Boezio racconta la storia di Pitagora che, mediante l'intonazione di una melodia spondaica, calma e restituisce serenità ad un giovane di Taormina che era stato appena agitato dall'ascolto del modo frigio:

> *Vulgatum quippe est, quam saepe iracundias*
> *cantilena represserit, quam multa vel in corporum*
> *vel in animorum affectionibus miranda perfecerit.*
> *Cui enim est illud ignotum, quod Pythagoras ebrium*
> *adulescentem Tauromenitanum subphrygii*
> *modi sono incitatum spondeo succinente reddiderit mitiorem*
> *et sui compotem? Nam cum scortum in rivalis domo*
> *esset clausum atque ille furens domum vellet amburere,*
> *cumque Pythagoras stellarum cursus, ut ei mos,*
> *nocturnus inspiceret, ubi intellexit, sono*
> *phrygii modi incitatum multis amicorum monitionibus*
> *a facinore noluisse desistere, mutari modum*
> *praecepit atque ita furentis animum adulescentis ad*
> *statum mentis pacatissimae temperavit.*

(De mus.1.1)

[E' cosa comune che il canto, molte volte, ha calmato l'ira; spesso ha agito miracolosamente sull'affezione del corpo e dell'anima. Chi non sa che Pitagora, nell'eseguire una melodia spondea, ridiede, a un ebbro giovane di Taormina, che era stato incitato dal modo frigio, uno stato di calma e compostezza? Una sera, quando una prostituta era rinchiusa nella casa di un rivale, questo frenetico ragazzo gli voleva incendiare la casa. Pitagora, essendo un gufo notturno, contemplava il corso degli astri (com'era sua abitudine) quando capì che il ragazzo, incitato dal suono del modo frigio, non desisteva dalla sua azione malgrado gli avvertimenti dei suoi amici; ordinò allora di cambiare modo musicale, così che riuscì a temperare ad uno stato di calma assoluta la disposizione del frenetico giovane.]

L'idea della musica dotata di variabilità tonali, capace di creare varia-
bili tendenze nell'ascoltatore, sarà trasferita anche nei modi del canto
gregoriano.[13] A tale proposito e riferendosi più strettamente a Dante,
Arnaldo Bonaventura colse, quasi un secolo fa, l'effetto che il canto
produce nell'animo umano. Un effetto visto come giustapposizione di
diletto e dolore che emerge dalla terzina in cui il poeta dice:

> *Ed ecco piangere e cantar s'udìe*
> *`Labia mëa, Domine' per modo*
> *tal, che diletto e doglia parturìe.*

(Pur. 23.10-12)

L'atmosfera di questo passo, che evoca insieme dolcezza e malinco-
nia, serve a puntualizzare quel misto di "diletto e doglia" che fa balenare dal passo, come appunto notò il Bonaventura: "una delle più alte
e delle più misteriose facoltà della musica".[14]

Nel seguire un criterio sistematico di indagine, e stabilendo *a priori*
l'importanza del recupero dei testi classici e medievali per determinare
il modo di pensare e per capire la maniera d'applicazione dei "codici
di lettura", non possiamo fare a meno di collegarci a quegli autori che
per secoli sono stati, e continuano ad essere, soprattutto sul piano filosofico, struttura portante dell'*ars musica* e "sottosistema...delle fonti"
musicali del pensiero dantesco.[15] Bisogna tener presente che:

> *il singolo autore fa prelievi di testi*
> *prediletti nei luoghi e tempi letterari più*
> *svariati e imprevedibili; egli opera dei*
> *nessi, delle interrelazioni fra i testi*
> *privilegiati in funzione della legge*
> *costitutiva della propria opera, egli*
> *crea nel sistema letterario il sottosistema*
> *delle proprie fonti.*

*(*Corti, *Principi,* pp.14-15*)*

Essendo la trasmissione del sottosistema delle fonti degli *auctores*
di Dante avvenuta in questi due possibili modi, in forma intertestuale
o in forma mediata, essa ci porta ad attuare una distinzione fra i due
approcci e a comprenderne la dovuta differenza. I due modi recettivi,
Segre, abbiamo detto, li denomina intertestuale e interdiscorsivo. Il
reperimento intertestuale si ha quando, appunto, si profila un rapporto
diretto tra il testo originale e quello su cui l'originale ha influito; quello
interdiscorsivo, d'altro canto, si ha quando il testo originale non è cono-

sciuto direttamente, ma solo in forma mediata e per via orale o scritta di discorsi numerosi e vari.

L'approccio euristico medievale quale rigorosa applicazione critica al testo deve necessariamente ricollegarsi alle leggi pitagoriche per poter sviluppare ed elaborare una teoresi musicale conforme alla cultura del tempo di Dante. Nel Medioevo, come pure in gran parte del Rinascimento, l'*auctoritas* che maggiormente si distinse in tale campo fu Boezio col *De mus*. E' questo un testo di fondamentali tendenze pitagoriche che, nella nostra ricerca, si impone come punto di mediazione fra la cultura classica e quella medievale; esso è il ponte di collegamento, il tramite di queste due culture. Acquisisce, in un certo senso, valore di libro di testo relativo allo studio della disciplina musicale.

Ritorniamo per un attimo sul discorso del metodo di recezione usato da Dante per l'apprendimento del testo boeziano; ossia, cerchiamo di stabilire il tipo di approccio metodologico usato dal poeta nel recupero delle fonti. E qui bisogna dire che separare i dati interdiscorsivi da quelli intertestuali nelle opere dantesche è un'operazione rischiosa, se non del tutto impossibile, per il fatto che non esistono evidenze attendibili su cui basare le nostre osservazioni critiche. Sappiamo tuttavia che intertestualità e interdiscorsività sono i punti di riferimento della recezione musicale dantesca. Infatti è sotto questa ottica (oltre alla segnalazione delle altre fonti classiche) che Iannucci addita la possibile trasmissione della dottrina musicale da Boezio a Dante:

> *Il concetto di musica delle sfere celesti, sostenuto*
> *da Pitagora e Platone (*Repubblica *10), rielaborato*
> *da Aristotele (*De Caelo*), ed esposto da Cicerone nel*
> Somnium Scipionis, *fu la più alta ed armoniosa nota*
> *di teoria musicale classica trasmessa al Medioevo*
> *cristiano principalmente attraverso l'autorevole*
> De institutione musica *di Boezio, che rimase*
> *un'indiscussa autorità in materia per oltre mille anni.*
> *Non è ben certo se Dante conoscesse il* DE MUSICA
> *direttamente, ma è pressoché sicuro che*
> *avesse familiarità con il nucleo fondamentale della sua dottrina.*
> *Dal momento che la musica è una delle sette arti liberali,*
> *Dante studiò il trattato probabilmente durante il periodo in cui*
> *frequentava "...le scuole de li religiosi e le disputazioni de li filosofanti".*
>
> *(Conv. 2.12.7)* [16]

Parlare inizialmente di un livello intertestuale tra l'opera boeziana e
quella dantesca è impresa alquanto ardua, poiché non abbiamo riscon-
tri diretti delle fonti; cioè non si hanno tracce di archetipi di *écriture*
capaci di stabilire interconnessioni sintagmatiche ed enunciative tra il
testo boeziano e quelli danteschi. Ma, nonostante ciò, si può passare alla
individuazione del livello interdiscorsivo, se usiamo il termine opportunamente. Parlando di Dante, il testo di Boezio, dice Iannucci, costituisce "il nucleo fondamentale della sua dottrina". Gli incroci semantici
evidenziabili sul piano della *interdiscorsività* sono anche condizione da
cui dipendono connessioni intertestuali; questo per il fatto che i dati
ordinati ideologicamente e corrispondenti a una data cultura non esclu-
dono, ma piuttosto, includono la rete di rapporti che naturalmente si
stabilisce tra un testo e l'altro. Così avviene anche nel caso di Boezio
e Dante: la presenza dominante di dati interdiscorsivi fa balenare dal
testo dantesco echi intertestuali boeziani che, in forma mediata e per
effetto di un riplasmare delle nozioni nell'ambito della cultura, ne determinano la provenienza.

Nonostante ciò, poter affermare con assoluta certezza lo sviluppo
chiaro della scienza musicale è impresa temeraria, visto che abbiamo
a che fare con una cultura in cui l'oralità era la norma nella diffusione
delle idee. Una forte tradizione orale era ben radicata anche nel mondo
classico. Gustave Reese in un passo ci ricorda che un "lecturer", nel
1932, nel presentare un saggio sulla musica greca, parla della sua esperienza che ebbe con un professore di greco:

> *The only professor of Greek I have ever known*
> *who was also a musician always refused on principle to give*
> *me any help with a stiff passage from a Greek author on music.*
> *His reply was always the same: "Put that stuff away.*
> *Nobody has ever made head or tail of Greek music, and nobody ever will.*
> *That way madness lies.".*[17]

Tale affermazione potrebbe risultare punto speculativo di partenza
per lo studioso della musica teorica greca; ma, nel nostro caso, compito primario è determinare il meglio possibile l'*auctoritas* che formò
il piano teorico dell'*ars musica* del Medioevo. Sotto questa ottica, l'essenziale è di fare luce sul come e cosa il Medioevo recepì dal mondo
classico.

Come già accennato, caposaldo della nostra ricerca, sia per ragioni storiche che per rimandi testuali e discorsivi presenti nelle altre *auctoritates*, è Pitagora.

Delle dottrine pitagoriche inerenti alla musica non abbiamo un'evidenza scritta direttamente ricollegabile al suo autore, ma solo delle informazioni indirettamente trasmesse dai commenti, traduzioni e altri scritti.[18] La conoscenza indiretta delle fonti potrebbe istintivamente portarci ad una valutazione di appartenenza-non-appartenenza di certe teorie risalenti all'autore. Ma in sostanza, quello che più ci interessa ai fini della nostra ricerca, è determinare concretamente quello che credevano gli scrittori che facevano risalire determinate nozioni musicali a Pitagora. In altre parole, non è importante provare se una dottrina fosse pitagorica o meno: quello che importa è che per gli scrittori antichi essa fosse ritenuta pitagorica.

Secondo la tradizione, Pitagora si impone come l'archetipo delle teorie acustiche. Alcuni punti fondamentali della sperimentazione pitagorica si possono riassumere nell'ambito di valori numerici e con caratteristiche relazionali. Per i pitagorici il numero aveva delle qualità precise; il numero significava: disuguaglianza, rapporto e proporzione derivanti dall'entità primaria, dall'*uno*, non solo come numero, ma anche come unità[19]. Inoltre, per Pitagora, in tutte le cose è presente il numero che ha qualità di pari e di dispari:

> *Non solamente in tutti insieme, ma ancora in*
> *ciascuno è numero, chi ben considera sottilmente;*
> *per che Pittagora, secondo che dice Aristotile nel Primo de la Fisica,*
> *poneva li principii de le cose naturali lo pari e lo dispari,*
> *considerando tutte le cose esser numero.*

(Conv. 2.13.18)

Possiamo addirittura affermare che le leggi musicali costituiscono la base di quelle matematiche; e in origine, l'intuizione musicale è l'esperienza pitagorica anteriore alla scienza matematica. Stando alle fonti leggendarie, Pitagora scoprì le leggi fondamentali della musica mediante l'ascolto del suono prodotto dai martelli del fabbro, che foggiava metalli. I martelli erano di diverso peso: dodici, nove, otto e sei libbre; battuti sull'incudine in un certo modo, generavano rapporti consonantici.[20] Da tali rapporti consonantici, egli fu capace di scoprire che alla base di una qualsiasi manifestazione acustica vi sono delle coerenze precise esprimibili in valori numerici. Resoconto della sua osservazione fu la fissazione delle consonanze musicali fondamentali.

L'unione tra il martello di dodici libbre e quello di sei formava la consonanza del diapason o dell' *ottava*; cioè l'estensione di suono dal tono più basso a quello più alto della scala musicale: "Hi igitur mallei, qui .XII. et .VI. ponderibus vergebant, diapason in duplo concinentiam personabant"[21]. L'unione tra il martello di dodici libbre e quello di nove, come pure l'unione di quello di otto libbre e l'altro di sei, davano la consonanza chiamata "diatessaron" o *quarta*; ossia una consonanza che occupa quattro toni sulla scala diatonica: per es. *do-fa*. Il testo latino dice: "Malleus vero .XII. ponderum ad malleum .VIIII. et malleus .VIII. ponderum ad malleus .VI. ponderum secundum epitritam proportionem diatessaron consonantia iungebatur"[22]. Il martello di nove libbre unito a quello di sei, così pure quello di dodici unito all'altro di otto, formavano "diapente" o consonanza di *quinta*: ".VIIII. vero ponderum ad .VI. et .XII. ad .VIII. diapente consonantiam permiscebant"[23]. Ed in fine, il martello di nove libbre unito a quello di otto dava il *tono*: ".VIIII. vero ad .VIII. in sesquioctava proportione resonabant tonum"[24]. Per Pitagora, gli intervalli consonantici prodotti dall'*ottava*, *quarta*, *quinta* e *tono* erano le combinazioni tonali base per l'ottenimento dell'armonia.

I numeri qui elencati non hanno valore musicale se presi a sé stanti, ma acquisiscono dinamicità allorché li consideriamo insieme alla funzione di rapporto o *ratio*, che determina la frequenza fra due o più toni. L'*ottava* dimostra l'intervallo musicale più grande, che copre otto intervalli più piccoli espressi dalle note della scala. Il principio fondamentale di tale esposizione numerica non deve servire solo come materiale d'avviamento allo studente di musica, ma deve viepiù chiarire il metodo pitagorico nella determinazione della *modulatio*. Perciò, risultato della filosofia musicale di Pitagora è l'individuazione della differenza matematica che si impone come rapporto tra due o più entità numeriche espresse da valori sonori; e queste entità numeriche le unisce in maniera omogenea riducendole a *unità*. In altre parole, il numero, come precisa identità matematica, perde il suo valore individuale per divenire parte relativa del tutto; ed è in funzione del tutto che il numero pitagorico assume il suo valore più alto, visto che partecipa alla determinazione dell'*harmonia*. La nozione armonica può essere compresa entro il binomio *pluribus unum* o *concordia discors*. Dante, sul principio di relatività della musica, nel *Conv.*, si muove nella stessa direzione:

E queste due proprietadi sono ne la Musica, la quale è tutta relativa,
sì come si vede ne le parole armonizzate e ne li canti,
de' quali tanto più dolce armonia resulta,
quanto più la relazione è bella:
la quale in essa scienza massimamente è bella,
perché massimamente in essa s'intende.

(2.13.23)

La presenza armonica nelle cose è un requisito fondamentale (già i greci l'avevano intuito) perché è l'essenza della felicità umana.[25] L'armonia è ordine, bellezza e funzionalità; e per queste sue caratteristiche intrinseche è fonte di felicità. Un quadro delle perfette consonanze è espressione fondamentale dell'armonia del cosmo pitagorico, che riflette il vecchio mito della musica delle sfere; una musica, quest'ultima, riferita soprattutto alla perfezione divina.[26]

La teoria musicale greca comunque non considera l'armonia nello stesso modo in cui la consideriamo oggi:

Greek harmoniai were scales, or melodic schemata;
in general harmonia is to be thought of as referring
to melody rather than to vertical tonal
aggregates..For the Greek notion of "harmony"
we should rather seek to understand an idea of
relative proportion, of an order that consists
in the ratios of quantities to each other, rather
than of a notion of blending that depends on the
simultaneous effects of separate or even warring elements.

(Hollander, pp.26-27)

Tale approccio filosofico, come vedremo nei prossimi capitoli, è lo strumento di lavoro per ricostruire e apprendere chiaramente la musica della *Com.*; specialmente per la verifica del rapporto dei tre livelli musicali teorizzati da Boezio nel suo *De mus.*: *musica mundana, musica humana* e *musica instrumentalis*.[27] Dante esegue un'applicazione precisa e rigorosa di tali livelli musicali, al punto tale da renderli elementi strutturali del suo poema. Più in là avremo modo di ritornare su questo argomento; adesso invece, passiamo all'altra *auctoritas* che, come Pitagora, influenzò notevolmente il Medioevo, Platone.

La concezione platonica relativamente all'armonia è quella di considerare il cosmo come *anima mundi*; e quest'ultima, a sua volta, si riflette nelle singole anime umane che pervengono al raggiungimento della realtà armonica. Le singole anime riescono ad armonizzarsi per mezzo dell'imitazione ed apprendimento dell'*anima mundi*. Arrivare ad un'eventuale armonizzazione significa che le singole anime devono conoscere di cosa è fatto il macrocosmo-anima. La sua costituzione verte su tre termini o forme: *Esistenza, Uguaglianza, Differenza*. La descrizione propria di ogni forma è: che essa esista; che sia uguale a se stessa; che sia diversa da ogni altra forma.[28] Nel loro stato originale, tali forme sono indivisibili; ma con il loro spostamento nei singoli corpi, diventano divisibili. Dalla duplice qualità delle forme, ossia di divisibile-indivisibile, Platone ne teorizza un'altra che prende il nome di *stato intermedio*. Da una duplice qualità, allora, si passa ad una triplice qualità, che si applica a tutte e tre le forme. Riassumendone la composizione, l'*anima mundi* si può rappresentare mediante il seguente schema:

-*Esistenza Indivisibile*

-*Esistenza Divisibile   Esistenza Intermedia*

-*Uguaglianza Indivisibile*

-*Uguaglianza Divisibile   Uguaglianza Intermedia Anima*

-*Differenza Indivisibile*

-*Differenza Divisibile   Differenza Intermedia.*[29]

Tutte le forme contenute nello schema si fondono in maniera unitaria e diventano armonicamente parte del tutto. Siccome l'*anima mundi* deve riconoscere i termini costitutivi della propria essenza, così, le singole anime, come l'*anima mundi*, devono recepire e uniformarsi ai tre termini armonicamente e razionalmente. La conformazione dell'anima a realtà unitaria esprime analogicamente la riduzione dei numeri alla *unitas* che è l'*uno* ed Essenza.[30] L'*uno* è come l'*anima mundi,* perché assume le funzioni di *esistenza, uguaglianza* e *differenza*. Queste qualità intrinseche all'*uno* si esprimono chiaramente mediante una riduzione logico-matematica: l'*uno* è inizio, ed essendo inizio, conferma l'esistenza. Esso è anche uguaglianza perché il numero immediato che scaturisce dall'*uno* è il *due*, copia e doppiatura dell'*uno*, perciò, premessa d'uguaglianza. Infine, l'*uno* è anche espressione differenziale, in quanto crea il *due* che detiene due qualità specifiche: una di uguaglianza, perché è derivato dell'*uno*, l'altra di differenza, perché è parte dell'inizio; però, parte dell'inizio non nella sua totalità, ma nella sua parzialità, allora esso diviene espressione differenziale. Per completare il trio numerico, aggiungiamo il *tre*, che è numero perfetto per quanto riguarda la realtà finita. La sua perfezione è espressa dai numeri che lo generano, non a caso è il prodotto di *uno+due*.

Per spiegare l'armonia, Platone tocca brevemente il campo dell'acustica e dice che ci sono sostanzialmente due tipi di suoni: veloce e lento. Essendo il primo suono veloce, produce una vibrazione acustica più alta; l'altro invece, di natura più lenta, ne produce una bassa. Ambo i suoni sono di moto esterno. Ciò significa che ogni suono prodotto si estende dalla sua origine fino al suo punto di impatto. L'origine è quel punto in cui iniziano le vibrazioni sonore prodotte dall'urto di due corpi. L'impatto è il momento in cui il suono esterno influisce sul cervello e il sangue e, ad essi, trasmette stimoli ed impulsi. Il moto esterno è anche causa del moto interno; e quest'ultimo si propaga in tutto il corpo, dal cervello al fegato.[31] La sensazione prodotta dal moto esterno e da quello interno si chiama *udito*. È da premettere che per Platone la sensazione uditiva è pienamente raggiunta solo quando il moto tocca l'anima (coscienza). Da quello che si deduce dalla esposizione sul moto esterno nella propagazione del suono, e visto che Platone chiama il moto esterno "suono musicale" e non semplice rumore, è probabile che egli conoscesse le teorie acustico-pitagoriche del suo intimo amico Archita.[32] (MacDonald Cornford, pp. 322).

Anche accettando la tesi che evidenzia l'influenza pitagorica su Platone, non bisogna trascurare il contributo prettamente platonico dato all'*harmonia*. Si deve riconoscere che dalle teorie pitagoriche circa la *modulatio*, Platone si spinge oltre e inserisce nel contesto musicale il termine di *Idea*, che è anche *anima mundi* dotata di due facoltà essenziali: *buono* e *bello*.[33] Queste facoltà formano gli stimoli unitivi e simpatetici su due o più parti diverse che mirano alla realizzazione dell'omogeneità e, quindi, dell'armonia dell'anima con se stessa e con altre parti ad essa estrinseche. Un esempio di questo genere è l'unione dell'anima e del corpo quale esecuzione di un'attività umana totalizzante governata appunto dalle leggi dell'armonia. Per poter ottenere un giusto accordo tra le parti dell'anima e tra l'anima e il corpo, Platone ricorda

che è molto importante istruire le persone in poesia e musica, perché
solo con queste discipline il brutto e il difettoso si discernono e possono essere tenuti alla larga dal giusto agire.[34] Peraltro, la mancanza di
armonia tradirebbe anche l'ordine gerarchico della *mimesis* platonica,
cioè dell'imitazione di Dio e della natura da parte dell'uomo. Nella
visione platonica, il poeta è anche artista; ed egli, come gli altri arti-
sti, occupa il terzo posto rispetto al "trono della verità". Di qui, si profila la necessaria presenza di una sintonia tra i vari livelli gerarchici,
benché in forma imitativo-rappresentativa che convenzionalmente si
denomina, come già accennato sopra, *mimesis*. Un passo volto al soste-
nimento di questo concetto, sebbene di fonte aristotelica, Dante lo
esprime nei seguenti termini:

> *che l'arte vostra quella, quanto pote,*
> *segue, come 'l maestro fa 'l discente;*
> *sì che vostr'arte a Dio quasi è nepote.*
>
> *(Inf. 11.103-105)*

L'arte umana "a Dio quasi è nepote" perché l'arte imita la natura, e
la natura, a sua volta, è espressione di Dio. A questo punto è da chie-
dersi, perché Dante usa l'espressione "a Dio quasi è nepote"? Senza
preamboli retorici possiamo sicuramente rispondere che, sia in Platone,
e poi in Aristotele e Dante, (sebbene tra loro vi siano delle sfumature
di carattere interpretativo) l'arte umana viene espressa secondo il termine "nepote" per una ragione semplicissima, per una ragione estetica.
L'estetica indica un nesso qualitativo con la fonte artistica archetipa,
che non risiede nella natura, ma in Dio. La natura è solo il *medium*
unitivo e verità di secondo grado. Per Platone, Aristotele, Dante e altri
intellettuali, l'estetica non era percezione del bello in maniera superfi-
ciale e solo a livello sensoriale, ma era anche forza razionale che tra-
sportava l'anima, era la forza distintiva e unitiva per raggiungere la
verità di primo grado nelle cose. Il termine *aesthesis* era largamente
usato nella cultura greca, generalmente si riferiva alla "conoscenza
del sensibile"; ma sovente significava anche discernimento e consapevolezza. Tanto per citare un esempio, Aristotele, nel *De anima*, lo
estese ai seguenti sostantivi: sensazione, percezione e coscienza. Strettamente parlando del sostantivo coscienza, il riferimento a quest'ultimo
elemento era piuttosto esile.[35] I vari livelli interpretativi della parola
aesthesis introdotti dagli intellettuali classici, e poi adottati dalla cul-

tura medievale, aprono un nuovo campo di indagine per quello che riguarda la ricerca dell'ordine nella *Com*. Questa è la tematica principale su cui avremo modo di ritornare varie volte nei prossimi capitoli; per ora invece, cercheremo di limitarci a fissare solo la definizione del termine "estetica", perché nell'esaminare l'*harmonia*, non si può non parlare del *bello*, del *buono* e del *vero*, visto che essi ne costituiscono i precetti fondamentali.

Platone, nel *Timeo*, oltre a parlare di proporzioni matematiche è preso dalla necessità di discutere i principi filosofici ed estetici che sono anch'essi, per quello che concerne la corrispondenza dei loro dati costitutivi, governati dalle leggi proporzionali. Egli propone una visione armonica ravvisabile su tre livelli: musicale, filosofico, estetico. Per Platone musica, filosofia ed estetica sono legate da un rapporto di interdipendenza, e uno stesso rapporto di interdipendenza fra le tre discipline emerge anche dalle opere dantesche. Si è optato di parlare dell'estetica insieme alla musica, per la ragione che vanno di pari passo e devono essere trattate congiuntamente. Di fatto, sia l'una che l'altra, sono governate dalle stesse leggi naturali. L'armonia, quale rapporto tra due o più suoni eterogenei, trova analoga corrispondenza e lo stesso principio di equilibrio anche nell'idea di *bellezza*. La bellezza, parimenti all'armonia, è il risultato di un rapporto tra due estremi.[36] Dati arcaici mediante i quali si può già parlare di una estetica musicale si hanno con Aristotele.[37] Materiale della ricerca estetica furono dei testi specifici, come *La Bibbia*, vari scritti dei filosofi, libri tecnici e gli scritti dei Padri della Chiesa. Dalla *Bibbia* si attinse il concetto della bellezza fisica; in particolar modo dal *Genesi* e dai *Libri della sapienza*. Il *Genesi* ricorda che tutte le creature e cose prodotte artisticamente da Dio, riflettono la sua immagine e sono belle e perfette: "Viditque Deus cuncta quae fecerat et erant valde bona..Igitur perfecti sunt caeli et terra et omnis ornatus eorum" (E Dio vide che tutte le cose da lui fatte erano molto buone. Così, pure i cieli e la terra con le loro bellezze).[38] Qui ci troviamo di fronte a una realtà estetica percettibile per mezzo del senso visivo. Bello, perciò, è ciò che dà diletto alla vista, *quod visibus placet*.[39] La vista, come senso di percezione nella teoria del piacere estetico, è il senso più alto e più nobile che ci sia, perché è puramente estetico; mentre più basso è quello del gusto, perché di natura pratica e biologica.[40] Le nozioni estetiche per i filosofi antichi erano generalmente collegate agli organi di senso più nobili, cioè alla vista e all'udito.[41] Platone nell'*Ippia maggiore* e nel *Gorgia* fa coincidere la bellezza con la vista e l'udito. Aristotele riprende il concetto platonico dicendo che la bellezza è quello che dà piacere all'uomo per mezzo degli occhi e dell'udito. Sant'Agostino ripete più o meno la stessa cosa, ma preferisce associare *pulchritudo* o *speciositas* (bellezza) con la vista; mentre *suavitas* (tenerezza o piacevolezza) con l'udito. Inoltre, parlando di *pulchritudo*, che è simile alla definizione classica di *partium congruentia*, Sant'Agostino aggiunge quella della *suavitate coloris*. Si ha dunque una massima agostiniana che considera la bellezza nei seguenti termini: "Omnis pulchritudo est partium congruentia cum quadum suavitate coloris" (Tutta la bellezza è una questione di giusta proporzione e piacevole colore).[42] Nel sistema estetico del Medioevo confluiscono, specialmente da una derivazione neoplatonica, simbolo, numero e luce. Tutti e tre, anche se in tempi diversi, sono dati di riferimento per l'impostazione di un discorso estetico.

Il simbolismo platonico si materializza nella bellezza fisica come *veiculum* razionalizzante di una realtà estetica trascendentale, che è appunto riflessione "intrinseca" della bellezza suprema. Nel *Timeo* Platone dice che il mondo è bello perché è l'immagine della bellezza di Dio. Quest'idea giunge al Medioevo tramite il commento di Calcidio. Timeo dice: "'Mundus speciosissimus est generatorum. Dei decorum simulacrum est...si mundus incomparabili pulchritudine est, ut quidem est, opifex et fabricator optimus'" ("Di tutte le bellezze del creato, fierezza del luogo spetta al mondo...È l'immagine della bellezza di Dio...Se il mondo è bellezza incomparabile, ed infatti così è, essa è la più grande arte umana").[43] Inoltre, Isidoro di Siviglia aggiunge che (condividendo la stessa tesi di Sant'Agostino e di San Gregorio Magno), è dalla bellezza finita che Dio ci rende consci della bellezza infinita: "Ex pulchritudine circumscriptae creaturae pulchritudinem quae circumscribi nequit, facit Deus intelligi".[44] Questa nozione apre anche un'altra veduta capace di spiegare i tre livelli musicali teorizzati da Boezio: *musica instrumentalis, musica humana* e *musica mundana*. Boezio, come Sant'Agostino e San Gregorio Magno, inizia e si sofferma quasi del tutto sulla *musica instrumentalis* che per le sue caratteristiche limitative è manifestazione del finito e direttamente ricollegabile alla *pulchritudine circumscriptae creaturae* accennata sopra. Pertanto, la *musica instrumentalis* e la *pulchritudine circumscriptae creaturea*, hanno proprio quel dato caratteriale comune percettibile secondo i sensi e in termini limitativi. Da questo si evince che, pure Boezio, per trattare la musica più alta (*musica mundana*), che è quella divina e infinita, parte dalla musica orecchiabile, da quella che si avverte mediante i sensi, cioè dalla *instrumentalis*. Inizia con la musica strumentale in quanto meglio gestibile e più confacente alle nostre facoltà conoscitive. *Musica instrumentalis* allora come realtà finita, come stimolo, che spesso crea uno slancio conoscitivo negli uomini capace di trascendere il finito e il possibile. Accende nell'uomo una virtù metafisica capace di ricercare nel profondo del proprio essere i segni di una *musica humana* prima, e di una *musica mundana* dopo.

Il numero è l'altro elemento fondamentale dell'estetica medievale. Oltre a conservare il significato classico di entità armonizzante e di equilibrio, nella cultura medievale, assumerà valore altamente simbolico e mistico. Perciò rispondente all'ordine estetico della suddetta cultura per due ragioni: per il suo significato classico di entità armonizzante e per il fatto che le sue intrinseche qualità gli danno efficacia trascendentale con il compito preciso di esprimere, certamente in forma di *speculum* segnico, una dimensione anagogica.

Per una sistematica analisi dell'estetica della luce bisogna sottoporre ad esame il nesso tra luce e colore. Anche in questo discorso, come avremo modo di vedere, si viene ad instaurare una corrispondenza sistematica tra le due parti. Infatti il colore è richiamo immediato del bello per effetto di una tonale luminosità che incide direttamente sulla vista. Il colore assume forma, carattere e plasticità per impulso del suo essere, per effetto del suo requisito fondamentale, che si identifica nell'ultimo elemento della nostra trilogia estetica, la luce. Nelle parole di Giovanni Scoto Erigena, la luce è definita nei seguenti termini: "Lux color est...et formas rerum sensibilium detegit"(La Luce è l'essenza del colore e rende le forme dell'universo fisico visibili).[45] Prima di passare ad esaminare il carattere estetico della luce, si deve ricordare il processo trasformativo del colore. In alcune opere di Cicerone emerge l'idea della bellezza fisica, che, oltre ad avere il requisito classico di proporzione armonica, deve contenere anche una giusta proporzione tonale per quanto riguarda la sua distribuzione coloristica: "Corporis est quaedam apta figura membrorum cum coloris quadam suavitate, eaque dicitur pulchritudo" (La bellezza fisica unisce giusta proporzione e piacevole colore).[46] Questo tipo di nozione è riscontrabile anche in Filo di Alessandria e Plotino; perciò sembra che la fonte dell'idea del colore, come armonia e piacevolezza estetica, sia di provenienza stoica del secondo o terzo secolo a.c.. Tale idea fu ben presto assunta ed utilizzata da Origene, Clemente di Alessandria, San Basilio ed altri. In Occidente, la ritroviamo negli scritti di Mario Vittorino e Sant'Agostino. Con molta probabilità, gli intellettuali del basso Medioevo vennero a contatto con quest'idea tramite Cicerone e i Padri della Chiesa, ma la interpretarono in modo diverso. Con la nuova interpretazione, si vede sostituita alla "piacevolezza di colore" l' "effulgenza" o "splendore".[47] Cosicché possiamo dire che l'unità fondamentale del colore (Luce), cioè quella cosa che regola le sue tonalità in un gioco armonizzante di chiaroscuro, assume importanza primaria ed occupa il primo posto nella gerarchia dell'estetica visiva. Il colore più adatto ed armonico allora è quello che si trova a metà strada tra il rosso e il bianco: "Color inter rubeum et album est medius et tener et lucidus et clarus" (Il colore intermedio tra il rosso e il bianco è tenue, chiaro e luminoso).[48] Benché alcuni motivi estetici della luce possano essere identificati nei vari dialoghi di Platone, bisogna tuttavia aspettare il tredicesimo secolo, periodo in cui furono introdotti nell'occidente i trattati sull'ottica e prospettiva di Al-Hacen. Con l'influenza di questi trattati, la luce si carica di nuovi significati, diventa un sistema di ordine cosmico generale visto sul piano metafisico; che, con le varie rappresentazioni metaforiche, attinte già dagli antichi egiziani dal culto del sole e poi passate ai neopitagorici, nella cultura medioevale diventa una vistosa espressione simbolica. Per esempio, luce-verità (*topos* biblico), Cristogiorno, ecc.[49]

Dai lineamenti generali di questa rapida rassegna possiamo affermare che, anche nel campo dell'estetica, il pensiero medievale coincide con quello classico, ma con una propria originalità cristiana.

Per l'esposizione della musica delle sfere, sebbene di reminiscenza pitagorica, Dante, nella musica del *Par.*, si servì del "Somnium Scipionis" che è parte del VI libro del *De republica* di Cicerone. Nel sogno di Scipione, Cicerone parla delle sfere celesti che si muovono mirabilmente per effetto di una mente divina. Nel loro movimento, le sfere producono un'eccezionale armonia costituita da note alte e basse e da una serie di intervalli disuguali. Tutti i movimenti sono disposti ed ordinati dalla natura. Un'estremità delle sfere (quella alta delle stelle) produce suoni alti, mentre l'altra (quella della luna) produce suoni bassi.[50] La terra costituisce la nona sfera che è anche centro dell'universo nella sua immobilità. Le orbite delle altre otto sfere, di cui due hanno lo stesso valore, formano le sette note musicali separate dai relativi intervalli. A questo punto entra in gioco l'allegoria del numero sette che significa fonte di tutti i diversi suoni. La lira, con le sette corde, è rappresentazione dei sette suoni cosmici in immagine terrestre.[51] La musica cosmica è impercettibile attraverso le facoltà uditive umane, perché propagata dal rapidissimo movimento circolare dell'universo. E anche perché la gioia della presenza divina arresta la voce o il suono nell'atto contemplativo dell'Etere Supremo. La contemplazione diventa silenzio.[52] Cicerone, per spiegare questo punto, si servì dell'analogia della vista. Un uomo, guardando il sole ad occhio nudo, rimane abbagliato. Allo stesso modo va considerata la natura dell'anima umana, perché è come quella del cosmo: immortale e immateriale; e per di più, capace di muovere il corpo, senza permetterci di formulare una razionale e precisa riflessione sul suo essere. Il parallelismo ciceroniano che unisce l'universo e l'anima dell'uomo ci porta a comprendere il significato vero del termine di paragone che si evidenzia sotto forma di macrocosmo-microcosmo. E qui, mi si consenta una breve digressione. Riguardo alla tendenza di conformare l'anima umana al cosmo, e al riconoscimento dell'anima-microcosmo, esiste una lunga tradizione. Ad iniziare dai babilonesi, incluso il Medioevo, tutto lo zodiaco e i suoi singoli segni venivano collocati e rappresentati in punti specifici del corpo umano.[53] Inoltre, ambedue hanno *motus* che generano loro stessi. Si muovono indipendentemente, senza l'intervento e l'ausilio di altri organismi. Per effetto di un movimento particolare che non ha inizio, sia l'universo che l'anima sono eterni. Tale motivo cosmico-sinfonico fu molto caro a Dante, al punto tale che ne diede precisa conferma in alcuni passi dell'ultima cantica del poema.[54]

Per quanto riguarda la filosofia delle proporzioni, fu Calcidio con la sua traduzione del *Timeo*, ad influire sul pensiero degli intellettuali medievali. In fatto di estetica delle proporzioni, fonte primaria e testo da tutti consultato era il manuale tecnico che passeremo ad esaminare in quest'ultima parte, il *De mus.* di Boezio. E' stato detto all'inizio del saggio che questo è un testo di fondamentali tendenze pitagoriche, che nella nostra ricerca si impone come punto di mediazione tra la cultura classica e quella medievale; esso è il collegamento, luogo di incontro tra queste due culture. Importante, viepiù, è ai fini dello studio musicale della *Com.*. Nel poema, la musica sembra che si comporti come un dato strutturale di tutta l'opera. Qui essa è gestita sulla falsariga del *De mus.*. Questo per effetto di un crescendo narrativo individuabile dal sincronismo tematico dei tre livelli musicali: *musica instrumentalis, musica humana* e *musica mundana.* Tutti e tre i livelli sono direttamente riflessi nei tre regni danteschi: *Inf., Pur.* e *Par.*. Tale raffronto indica i legami tematici sul piano della intertestualità-interdiscorsività evidenziabili nel manuale boeziano e nella *Com.*; ipotesi, questa, fondata sulla presenza di scambievoli dati nozionistici tra i due testi. Vediamo di chiarire questo punto. Come il *De mus.* è termine orientativo per risalire alla struttura musicale della *Com.*, così la *Com.* è corroborazione ed elaborazione critica dei tre livelli musicali del testo boeziano. Questo è dovuto al fatto che né Boezio né Dante parlano in maniera chiara di struttura e di livelli musicali. Nel libro I del *De mus.*, Boezio dice che ci sono tre tipi di musica: *mundana, humana* e *instrumentalis.* Nel passarli in rassegna, ci accorgiamo che egli ne parla in maniera molto esile, e non in modo esaustivo. In due punti precisi del primo libro Boezio dice che avrà modo di ritornare sulla *musica mundana* e sulla *musica humana.* In realtà, questo non si verifica mai perché in tutto il suo trattato, l'unico argomento musicale che analizzerà approfonditamente è quello della *musica instrumentalis.* E' vero anche che nel testo si riscontra una lacuna introduttiva dell'argomento. Per esempio, Boezio inizia a parlare dell'armonia e della diversità degli elementi ma, inaspettatamente, passa a trattare della diversità delle stagioni. Calvin M. Bower, riguardo a questo fatto, spiega che qualche amanuense sia passato dalla diversità degli elementi alla diversità delle stagioni.[55] Sarà pur così, ma anche noi abbiamo le nostre ipotesi. Tre possibilità possono spiegare queste *omissis.* Una cosa simile a quella spiegata sopra potrebbe essere avvenuta anche per le parti mancanti riferite alla *musica mundana* e *musica humana.* Oppure si può parlare di una possibile incompletezza testuale, visto che Boezio stesso informa il lettore che il quinto libro avrebbe contenuto trenta capitoli, ma il trattato si ferma *ex abrupto* al diciannovesimo del quinto libro. Allora dai codici manoscritti relativi al quinto libro mancano gli argomenti della *musica mundana* e della *musica humana*.[56] Infine, si può dare il caso di un'eventuale omissione volutamente fatta dall'autore per ragioni a noi ignote. Comunque sta di fatto che nel trattato queste parti non ci vengono fornite. Le spiegazioni alle due introduzioni le dobbiamo trovare altrove. A questo punto allora, per gettar luce sulla parte oscura della nostra ricostruzione testuale, dobbiamo chiudere il manuale di Boezio e aprire il testo dantesco, e precisamente soffermarci sul *Pur.* e *Par.*.

Nell'esaminarne la musica quale dato strutturale della *Com.*, indirettamente scopriamo dei precisi nuclei testuali capaci di ricostruire i livelli di *musica mundana* e di *musica humana* menzionati solo *en passant* o in forma introduttiva poco soddisfacente da Boezio. Dante, invece, ci dà delle precise indicazioni sul significato dei due livelli musicali. Questo avviene quando egli parla indirettamente di *homo musicus* e di *Deus musicus*, che il testo boeziano non tratta. Di contro, per scoprire e vedere chiaramente come la musica costituisca struttura della *Com.*, bisogna chiudere il testo dantesco ed aprire quello boeziano. È appunto Boezio a fornirci un'idea chiara della categorica suddivisione della musica e di come *musica instrumentalis*, *musica humana* e *musica mundana* siano i piani descrittivi della musica divina e universale racchiusi nella *Com.*. Visto che questi saranno gli argomenti che ci impegneranno nei prossimi capitoli, come ultimo tema della parte introduttiva, ci preoccuperemo di esaminare più da vicino il *De mus.*.

Il primo libro, nonché introduzione generale alla musica, è di tendenze prettamente pitagoriche; infatti copre sei argomenti principali di teorie musicali pitagoriche. Il primo argomento illustra la propagazione del suono, che, in concreto, è quantificabile per mezzo di rapporti numerici. Qui si passano in rassegna i vari tipi di rapporti e le relative definizioni.[57]

2) Le facoltà umane impegnate dalla musica sono la Ragione e i Sensi; segue una descrizione del mito pitagorico della scoperta dei suoni nella fucina del fabbro.[58]

3) Con il terzo punto, si esamina la natura della voce e dell'udito facendo uso di vari esempi di propagazione.[59]

4) In questa parte, Boezio si sofferma a parlare delle leggi delle con-

sonanze e dei corrispondenti rapporti valutati secondo una teoria inter-
vallica risalente a principi pitagorici.

5) Qui si espone in maniera sistematica il nome delle note, dei loro
inventori e i corrispondenti valori matematici. Segue una trattazione
del tetracordo e la sua divisione in generi. Le corde e i rapporti dello
strumento musicale riflettono gli stessi valori tonali dei pianeti nel
cosmo. Questo significa che l'armonia, prodotta da suoni alti e bassi
sul tetracordo, è il risultato di una giusta disposizione degli intervalli
e rapporti, che seguono passo per passo l'armonia prodotta dalla giusta
corrispondenza fra i pianeti.[60]

6) Qui si chiude il primo libro e, come ultima parte, si esamina
la natura della consonanza facendo uso delle tecniche pitagoriche e
riprendendo le teorie di Platone e di Nicomaco.

I libri due, tre e quattro sono delle elaborazioni tecnico-teoriche circa
la *musica instrumentalis* e gli argomenti esaminati vengono introdotti
già nel libro 1. Il quinto libro, sebbene abbia delle affinità con quelli
precedenti, sembra muoversi in un'altra direzione. Uno dei punti salienti
è il concetto di armonia di Tolomeo, che differisce sia da quello dei
pitagorici, che sostenevano l'uso della ragione nella ricerca armonica,
sia da quello dei seguaci di Aristosseno, che affermavano il raggiungimento dell'armonia con i soli sensi. Tolomeo invece, per la teoriz-
zazione dei suoni musicali e la loro giusta armonia, adottò il criterio
sincretico dei sensi e della ragione, benché fosse più incline verso quest'ultima. L'idea tolemaica delle facoltà sensoriali e razionali nell'individuazione dell'armonia, troverà netta corrispondenza anche nella
Com.; e qui vedremo come sensi e ragione, nelle loro graduali com-
petenze, si sincronizzano tra di loro in vista del fine comune, che è
appunto armonia nella sua totalità cosmica.

CAPITOLO II

PRESENZE MUSICALI NELLE OPERE MINORI DI DANTE

> *...lo cielo di Marte si può comparare a la Musica*
> *per due proprietadi: l'una si è la sua più bella*
> *relazione, che, annumerando li cieli mobili, da*
> *qualunque si comincia o da l'infimo o dal sommo,*
> *esso cielo di Marte è lo quinto, esso è lo mezzo di*
> *tutti, cioè de li primi, de li secondi, de li terzi*
> *e de li quarti. L'altra si è che esso Marte dissecca*
> *e arde le cose, perché lo suo calore è simile a*
> *quello del fuoco...E queste due proprietadi sono ne*
> *la Musica, la quale è tutta relativa, sì come si*
> *vede ne le parole armonizzate e ne li canti, de'*
> *quali tanto più dolce armonia resulta,*
> *quanto più la relazione è bella.*
>
> *(Conv. 2.13.20-23)*

Con la segnalazione del cielo di Marte e i suoi tratti più distinti, in forma di analogia, Dante ci mette al corrente dei poteri e del carattere intimo della disciplina musicale. Più avanti, nel *Conv.*, aggiunge che la musica è capace di trarre "a sé li spiriti umani" (2.13.24). I punti essenziali che ci interessano ai fini del nostro approfondimento sono i poteri di Marte che "dissecca e arde le cose"; e, in termini musicali, "trae a sé li spiriti umani". Tali enunciati servono a chiarire il rapporto che si instaura tra musica e ascoltatore; cioè di un rapporto che, prima di ogni cosa, ne attualizza la compatibilità e il punto di contatto. La relazione armonica, che è propriamente della buona musica e il carattere dell'ascoltatore, che si identifica in maniera coesiva con detta armonia, poiché porta i segni di un'armonia divina, e perciò capace di essere armonizzato, sono i punti più immediati attraverso cui si attua tutto un processo di riconoscimento o di *likeness* tra la musica (disciplina delle armonie) e l'uomo (essere armonizzabile nel suo divenire). Prima del *Conv.*, un motivo quasi simile lo ritroviamo in Boezio: "Gaudet vero gens modis morum similitudine; neque enim fieri potest, ut mollia duris, dura mollioribus adnectantur aut gaudeant, sed amorem delectationemque, ut dictum est, similitudo conciliat" (Uno trova piacere nei modi perché simili al proprio carattere; per cui, non è possibile per le cose molli unirsi e trovare piacere nelle cose dure, o, viceversa, non è possibile per le cose dure unirsi a cose molli.[61] *De mus.* 1.1). Qui però dobbiamo aprire una parentesi sulla maniera della percezione. Dante puntualizza che "...la virtù di tutti quasi corre a lo *spirito sensibile* che riceve lo suono" e non altrove; (*Conv.* 2.13.24; la sottolineatura è mia). Se la virtù di ognuno corre allo "spirito sensibile", i sensi (in questo caso quello dell'udito) sono il primo fattore chiamato in causa nella funzione recettiva. Questo sia per la scelta dell'elemento (senso dell'udito) che per l'ordine di sviluppo seguito dal poeta, che è sostanzialmente riconducibile al sistema boeziano:

> *Omnium quidem perceptio sensuum ita sponte ac*
> *naturaliter quibusdam viventibus adest, ut sine his*
> *animal non possit intellegi. Sed non aeque eorundem*
> *cognitio ac firma perceptio animi investigatione*
> *colligitur. Inlaboratum est enim quod sensum*
> *percipiendis sensibilibus rebus adhibemus...Idem*
> *quoque de ceteris sensibilibus dici potest,*
> *maximeque de arbitrio aurium, quarum vis ita sonos*
> *captat, ut non modo de his iudicium capiat*
> *differentiasque cognoscat, verum etiam delectetur*
> *saepius, si dulces coaptatique modi sint, angatur*
> *vero, si dissipati atque incohaerentes feriant sensum.*
>
> (*De mus.* 1.1.)

[La percezione tramite i sensi è così spontanea e naturale in certe creature che un animale senza di essi non può essere concepito...Per cui, è incontestabile che noi usiamo i nostri sensi per percepire oggetti sensibili...Ora, la stessa cosa può essere detta circa altri oggetti sensibili, specialmente a testimonianza dell'udito: il senso dell'udito è capace di apprendere i suoni in una maniera che esercita non solo giudizio e identifica le differenze, ma spesso ne prova piacere se i modi sono dolci e ordinati, mentre è irritante se essi sono disordinati e incoerenti] (la sottolineatura del testo latino è mia).

Il manuale si apre con il summenzionato paragrafo e Boezio è inizialmente impegnato nella discussione delle percezioni sonore per mezzo dell'udito, perché, secondo lui, tale senso è il primo filtro nel processo di interiorizzazione del suono prima di passare a quello della ragione. Senso e ragione allora sono gli elementi fondamentali della dinamica ricettiva della musica. Essi, inoltre, permettono di puntualizzare la doppia natura dell'*ars*, che può essere da un lato rivelazione metafisica (in quanto manifestazione relativa al pensabile), dall'altro è manifestazione di suoni (in quanto produzione di vibrazioni acustiche vere e proprie). Mario Pazzaglia chiarisce molto bene questo concetto; ma con la sola differenza che invece di partire dal basso o dai sensi, parte dall'alto o da una realtà metafisica e continua in ordine discendente:

> *Dalla musica emblema e rivelazione d'armonie*
> *metafisiche, si giunge così a una musica fatta di*
> *suoni, definiti nella loro realtà naturale e*
> *sensibile, proporzionati e ordinati, secondo le*
> *rigorose leggi intellettuali dell'ars, ma al fine di*
> *`mulcere auditum' e di `movere animum et affectum*
> *audientium', con effetti diversi di gaudio e tristezza,*
> *secondo la diversità delle complessioni e degli animi.*[62]

Vari sono gli esempi che stabiliscono parallelismi tra il *Conv.* e il *De mus.* Come già accennato nel capitolo introduttivo, l'aderenza tematica che vediamo qui delineata propone la possibilità di due livelli interpretativi teorizzati da Segre.[63] Dei due, cioè dell'interdiscorsivo e dell'intertestuale, il primo sembra esprimere in maniera più convincente l'aderenza tra il testo dantesco e quello boeziano, perché, a quanto pare e secondo i dantisti, Dante non conosceva il *De mus.* testualmente. L'unica conoscenza testuale che egli aveva degli scritti boeziani era quella del *Consolazione della filosofia*. Tutto questo per la ragione che la cultura medievale del tempo di Dante si serviva maggiormente dell'oralità e dei commentari nella diffusione delle idee. Inoltre, non bisogna dimenticare la scarsità di circolazione fisica dei libri.[64]

La mediazione nella lettura, come preferisce chiamarla Iannucci, oltre a chiarire la strada seguita da Dante per la ricezione delle idee, presenta chiaramente anche il problema dell'originalità delle fonti; ossia, il testo originale, attraverso l'uso e le citazioni da parte di altri autori postumi, subisce un'alterazione sia a livello formale che a livello contenutistico.[65] Ciò significa che oltre alla problematica imitativa se ne aggiunge anche

una di carattere semantico. Tenendo a mente queste difficoltà esege-
tiche, i passi musicali danteschi che qui di seguito esamineremo sul
piano di parentela con altri testi, sono tutti oggetto della stessa legge
ermeneutica che non distingue nettamente la verifica diretta o intertestuale da quella mediata o interdiscorsiva.

Nel parlare di apprendimento, Dante usa l'*auctoritas* di Aristotele e
spiega che "la nostra conoscenza" deve seguire un certo verso e un
certo ordine. L'apprendimento ha la sua origine nella cosa che meglio
si conosce e man mano si procede a quella che si conosce di meno.
L'ordine rispetta tale legge perché riflette una caratteristica naturale in
noi "innata" alla stregua del conoscere:

> *Onde, si come dice lo filosofo nel primo de la*
> *Fisica, la natura vuole che ordinatamente si proceda*
> *ne la nostra conoscenza, cioè procedendo da quello*
> *che conoscemo meglio in quello che conoscemo non*
> *così bene: dico che la natura vuole, in quanto*
> *questa via di conoscere è in noi naturalmente innata.*

(Conv. 2.1.13)

Il grado di significazione a cui Dante si riferisce, non è tanto quello di
distinguere una cosa o un'idea che si conoscono da quelle che si conoscono di meno, quanto quello di puntualizzare l'apprendimento per via
dei sensi prima, ("quello che conoscemo meglio") e poi passare all'apprendimento profondo che si effettua per via della ragione ("quello che
non conoscemo così bene"). In un altro punto del *Conv.* e nel chiosare
"Amor che ne la mente mi ragiona", Dante aggiunge altre nozioni a
chiarimento delle facoltà apprensive dell'uomo, come pure illustra lo
schema ripartitivo della mente:

> *Lo loco nel quale dico esso [amore] ragionare*
> *sì è la mente;...e però è da vedere che questa mente*
> *propriamente significa. Dico adunque che lo Filosofo*
> *nel secondo de l'Anima, partendo le potenze di*
> *quella, dice che l'anima principalmente hae tre*
> *potenze, cioè vivere, sentire e ragionare: e dice*
> *anche muovere; ma questa si può col sentire fare*
> *una, però che ogni anima che sente, o con tutti i*
> *sensi o con alcuno solo, si muove; sì che muovere è*
> *una potenza congiunta col sentire. E secondo che*
> *esso dice, è manifestissimo che queste potenze sono*
> *intra sé per modo che l'una è fondamento de l'altra;*

> *e quella che è fondamento puote per sé essere*
> *partita, ma l'altra, che si fonda sopra*
> *essa, non può da quella essere partita. Onde la*
> *potenza vegetativa, per la quale si vive, è*
> *fondamento sopra 'l quale si sente, cioè vede, ode,*
> *gusta, odora e tocca; e questa vegetativa potenza*
> *per sé puote essere anima, sì come vedemo ne le*
> *piante tutte. La sensitiva sanza quella essere non*
> *puote, e non si truova in alcuna cosa che non viva;*
> *e questa sensitiva potenza è fondamento de la*
> *intellettiva, cioè de la ragione: e però ne le*
> *cose animate mortali la ragionativa potenza sanza la*
> *sensitiva non si truova, ma la sensitiva si truova*
> *sanza questa, sì come ne le bestie, ne li uccelli,*
> *ne' pesci e in ogni animale bruto vedemo. E quella*
> *anima che tutte queste potenze comprende, e*
> *perfettissima di tutte l'altre, è l'anima umana, la*
> *quale con la nobilitade de la potenza ultima, cioè*
> *ragione, partecipa de la divina natura a guisa di*
> *sempiterna intelligenzia.*

(Conv. 3.2.10-14)

Unitamente alla potenza vegetativa, sulla quale si fondano la sensi-tiva e la intellettiva, il passo sopra riportato indica che la parte sensi-tiva, oltre ad essere uno dei requisiti fondamentali nella successione delle categoriche tappe dell'apprendimento (in questo caso dell'amore, ma applicabile lo stesso anche alla musica) è "fondamento de la intel-lettiva". Segue che il senso dell'udito è il livello di percezione superfi-ciale; ma ciò non significa che esso sia meno importante di quello di percezione profonda, la ragione. Essi sono di uguale importanza, spe-cialmente se l'uomo deve raggiungere il più alto livello di perfettibilità e partecipare "de la divina natura a guisa di sempiterna intelligenzia". Dante, nel parlare di come si acquista "l'abito di vertude, sì morale come intellettuale" in una sua piacevole metafora precisa che l'uomo ha bisogno sia dei sensi che della ragione:

> *...Sì come la parte sensitiva de l'anima ha suoi*
> *occhi, con li quali apprende la differenza de le*
> *cose in quanto elle sono di fuori colorate, così la*
> *parte razionale ha suo occhio, con lo quale apprende*
> *la differenza de le cose in quanto sono ad alcun*
> *fine ordinate: e questa è la descrizione.*

(Conv. 1.11.3-4)

40 Raffaele De Benedictis

Ora ritorniamo al parallelismo tematico tra *De mus.* e *Conv.*. Una parte importante della citazione è anche: "si dulces coaptatique modi sint" (se i modi sono piacevoli e ordinati; *De mus.* 1.1). In un passo del *Conv.*, non a caso, il poeta, nel considerare "li principii de le cose naturali" cita Pitagora e, stando a quanto "dice Aristotile nel primo de la Fisica, [Pitagora] poneva li principii de le cose naturali lo pari e lo dispari, considerando tutte le cose essere numero" (2.13.18). Con questa impostazione e per via di una deduzione del ragionamento dantesco, anche la musica doveva essere numero. Non solo musica nella sua accezione generale, ossia di piacevole suono, ma soprattutto nella sua funzione speculativa e razionale che si delinea come ordine. Ordine, in questo caso, visto come una serie di disposizioni numeriche che, per mezzo di esse, si forma con accortezza e precisione distributiva. L'ordine è viepiù indispensabile per l'esistenza degli esseri sulla terra e per l'esistenza cosmica in quanto coesiste con l'*esse* (essere). Come coesistenza con l'*esse*, l'ordine è punto di riferimento immanente che balza fuori dalle cose (ordinate chiaramente) nella sua dimensione estetica e gli dona funzionalità.

In un altro passo del *Conv.*, Dante parla del movimento ordinato dei pianeti e dell'importanza del loro ordine in relazione con le scienze:

> Lo Cielo cristallino, che per Primo Mobile
> dinanzi è contato...ordina col suo movimento la
> cotidiana revoluzione di tutti li altri, per la
> quale ogni die tutti quelli ricevono [e mandano] qua
> giù la vertude di tutte le loro parti. Che se la
> revoluzione di questo non ordinasse ciò, poco di
> loro vertude qua giù verrebbe o loro vista.

(Conv. 2.14.14)

In Dante, l'ordine è un dato di fondamentale importanza per la ragione che determina la funzionalità delle cose del mondo. La sua realizzazione avviene solo mediante il rapporto di giusta corrispondenza tra le parti, che, tutte quante insieme, e tutte rivolte allo stesso fine comune, concorrono a formare un'unica realtà suprema, quella dell'esistenza funzionale che emana virtù dalla sua sincronica predisposizione: "Ciascuna cosa è virtuosa in sua natura che fa quello a che ella è ordinata; e quanto meglio lo fa tanto è più virtuosa" (Conv. 1.5.11).[66]

Rimanendo sulla tematica dell'ordine e della giusta corrispondenza delle parti, si deve ora far luce sull'intenzionalità del poeta insita negli espedienti retorici del summenzionato passo e che egli esprime dialetticamente in chiave di stimolo-reazione. È sul piano di stimolo-reazione che egli mette in enfasi le cose sublunari in rapporto col disegno divino. Esse sono virtuose se seguono lo stimolo naturale, lo stimolo divino. Lo stesso avviene per l'uomo, che è un essere sublime se capace di sottostare alla sublimità della visione filosofica dantesca. Una eco questa che, oltre ad essere segnalata nel *Conv.*, si riverbera anche e soprattutto nei tre regni ultra mondani e che trova la sua realizzazione alla fine dell'*itinerarium*. Tale corrispondenza, che è partecipazione del tutto, apre il discorso musicale del passo summenzionato e ne caratterizza le sue due qualità esplicite: da una parte si ha la giusta disposizione delle cose, che sono capaci di ricevere la virtù divina per mezzo di una legge precisa che le accomuna con il tutto (*reductio pluribus ad unum*); dall'altra si ha la determinazione dantesca di ricostruire in una dimensione finita la realtà infinita dell'armonia cosmica. Tutto questo per soddisfare un'esigenza di comprensione dell'argomento da parte delle menti temporali e, quindi, capace di esprimere l'inesprimibile attraverso il nesso di microcosmo-macrocosmo.

La perfetta disposizione delle cose, oltre ad essere ordine e funzionalità, è anche rilievo estetico delle facoltà percettive:

> *Quella cosa dice l'uomo essere bella cui le parti*
> *debitamente si rispondono, per che de la loro*
> *armonia risulta piacimento. Onde pare l'uomo essere*
> *bello, quando le sue membra debitamente si*
> *rispondono; e dicemo bello lo canto, quando le voci*
> *di quello, secondo debito de l'arte, sono in tra sé rispondenti.*

(Conv. 1.5.13)

Corrispondenza delle parti e, quindi, ordine, sono i dati di riferimento capaci di infondere virtù estetiche alla cosa che li contiene. Non solo la musica allora, ma anche l'estetica è depositaria delle stesse leggi di consonanza e ordinata secondo il fine a cui essa è preposta.

Un avvicinamento alla teoria musicale pitagorica circa il convergere delle parti e riducibili all'unità emerge anche dal *D.V.E.*. Dante spiega che ogni cosa ha come misura fondamentale l'*uno*; così lo stesso avviene pure nei colori che hanno il bianco come punto di riferimento:

...sicut in numero cuncta mensurantur uno, et plura
vel pauciora dicuntur secundum quod distant ab
uno vel ei propinquant, et sicut in coloribus omnes
albo mensurantur--nam visibiles magis et minus
dicuntur secundum quod accedunt vel recedunt ab albo.
[...così nell'ambito dei numeri tutti si misurano in base all'unità; e
così, nella sfera dei colori, li misuriamo tutti sul bianco, e infatti li
definiamo più o meno luminosi secondo che tendono al bianco o se ne
discostano].[67]

Nel passo citato si avvertono subito delle risonanze classiche e
patristiche dell'estetica, che probabilmente Dante attinse per intero da
Sant'Agostino. Ricordiamo che la massima agostiniana relativa alla
Bellezza è quella di: "Omnis pulchritudo est partium congruentia cum
quadum suavitate coloris (Tutta la bellezza è una questione di giusta
proporzione e piacevole colore).[68] Questi avvicinamenti e associazioni
del bello con la musica costituiscono il pretesto che spesso ci spinge a
parlare addirittura di musicalità della bellezza la cui realtà oggettiva è
segnata dalla presenza di ritmo, melodia e armonia.

Sopra abbiamo avuto modo di accennare alla funzionalità delle cose
del mondo per effetto di una forte virtù musicale; chiaramente, essa
risulta tale, sia nei limiti terreni e temporali che al di là di essi e del
conoscibile.

Relativamente alla musica, e specialmente alle sue caratteristiche
fondamentali, ci sono quelle che si comprendono facendo uso del livello
più alto dell'anima umana (che è quello razionale), e quelle che non
si comprendono in quanto il pensiero supera i limiti discorsivi della
parola e trascende la ragione:

...di ciò e da biasimare la debilitade de lo
'ntelletto e la cortezza del nostro parlare: lo
quale per lo pensiero è vinto, sì che seguire lui
non puote a pieno, massimamente là dove lo pensiero
nasce da amore, perché quivi l'anima profondamente
più che altrove s'ingegna.
(Conv. 3.4.4)

Questo passo, sebbene fondato sul tema dominante dell'amore, è
anche punto d'osservazione capace di palesare la qualità divina della
musica. Tra amore e musica non c'è differenza, specialmente se si

osservano le leggi costitutive che imprimono di perfezione le cose nel loro divenire. Dante nel *D.V.E.* 1.5.1 chiama Dio *amator* per riferirsi a colui che è artefice e principio di perfezione.

L'amore nasce da un atto estatico mediante cui l'oggetto riesce a conquistare l'ideale di bellezza del soggetto-amante. In tale circostanza l'anima si dilata perché stimolata dalla bellezza dell'oggetto in cui si perde inebriata per effetto di un forte diletto. Il valore di *diletto* nell'accezione medievale è fondato sul criterio aristotelico: "[it] would be the technical term for the proper passion that ensues upon the successful termination of an appetitive motion, that is, the possession of a desired good".[69] Il primo livello di apprensione è chiaramente quello sensibile dovuto al riconoscimento di una certa proporzionalità.

Sebbene l'amore nasca primordialmente dall'appetito dei sensi, poi si rinforza dell'appetito intellettivo che crea il diletto totalizzante tra soggetto e oggetto del dilettevole. Con tale rapporto: "si stabilisce una corrente di amore; e in effetti il massimo piacere non si realizza nella contemplazione delle forme sensibili, ma nell'amore, dove sia il soggetto che l'oggetto sono coscientemente e attivamente amanti".[70] Da ciò si evince che l'amore e la musica sono entrambi governati dalle stesse leggi armoniche. Della summenzionata citazione, lo stretto rapporto che vige tra amore e musica ne è solo il costituente limitativo e percettivo della citazione. Esso è l'indicatore più semplice atto a far capire la netta interdipendenza tra i due. Ma, al di là di quello che è più immediato e di più facile comprensione, per Dante, un rapporto di questo tipo racchiude un significato profondo che è di ben altra portata. Dante cerca di ripristinare l'equilibrio primordiale, realmente sfuggente ma metalinguisticamente evidente, su cui gravita il binomio musica-poesia. La musica è alla base della composizione poetica nella qualità di: "*fabricatio verborum armonizatorum*" (*D.V.E.* 2.8.5). "'La musica che Dante ricerca nella poesia è forma suasiva, come la retorica, [che] serve a imprimere meglio negli animi il messaggio della *fictio*'".[71] Per dir più, la presenza dell'elemento musicale nel processo di *fabricatio verborum*, con l'uso della lingua naturale, come ha notato il Russo nel citare Maria Corti, rende "possibile ripristinare il legame primordiale e perduto tra `signa' e `res' ('nomina sunt consequentia rerum'). Nella lingua naturale permangono le disperse tracce di una perfezione perduta. Al poeta dotato di `scienza e ingegno' adeguati spetta il compito, attraverso la 'fabricatio verborum armonizatorum', di ricomporre tali tracce e ridonare al linguaggio la sua universalità primigenia: far rinascere 'il rapporto di necessità e *consequentia* fra la *res* e i *nomina*, che c'era alla creazione del mondo, quando Adamo fabbricò le prime parole'. Questo vuol dire allora che la poesia, proprio nel suo costruirsi come armoniosa compagine verbale, può farsi rilevatrice di verità assolute".[72] (Russo, p. 43). Muovendoci sulla tesi del Russo, che cerca di definire i lineamenti essenziali della poesia, possiamo vedere che Dante, all'inizio del suo trattato, cerca di ricondurre la virtù della lingua all'unità primordiale, che si configura come omologazione tra codice-significato e referente o come dice la Corti, con il "ripristinare il legame primordiale e perduto tra 'signa' e 'res' ". Dante insiste sulla forza unitiva tra codice-significato e referente che è alla base della lingua naturale, perché naturale era anche la lingua che usò il padre Adamo; allora egli cerca, con dati essenzialmente linguistici, di ricostruire quello stato quasi perfetto (in quanto creato) e perfettibile (in quanto capace di essere ripristinato) il più vicino possibile al vero che in principio Dio donò all'uomo. Qui Dante opta per la rimessa in uso del codice *primo*, del codice Universale, che secondo una convenzione linguistica si preferisce chiamare *Ur-codice*.[73] L'*Ur-codice*, in effetti, è indefinibile nella sua essenza perché è espressione infinita e atemporale; ma, per ragioni strettamente metodologiche, ci concediamo la libertà di farne uso, per entrare, da un lato, in maniera più chiara nel merito della poesia e della musica, dall'altro per riportare sul piano del percettibile l'impercettibile e, più specificatamente, per tradurre linguisticamente verità poetiche e musicali che sono identità metalinguistiche e al di là della nostra chiara comprensione:

> ...*Quel 'legame musaico' che si rivela essere, nella*
> *sua 'bellezza' sensibile, il solo capace di far*
> *accedere alla 'bellezza' concettuale e astratta*
> *della 'sentenza'; quel 'legame musaico' la cui*
> *bellezza' sensibile si pone come imitazione*
> *analogica della bellezza concettuale non esprimibile*
> *discorsivamente; 'la discorsività della* fictio
> rethorica *imita l'oggetto in quanto è conoscibile*
> *discorsivamente, mentre la sua musicalità, cioè*
> *l'armonia delle parole ottenuta per legame musaico,*
> *imita quello che, nell'oggetto non è conoscibile discorsivamente'.*
>
> *(Russo, p. 44)*

In tal senso, la musica ci invita a riflettere sulle proprie caratteristiche strutturali. E, se si va alla ricerca di una struttura musicale nelle opere dantesche, bisogna precisare che proprio tale struttura, nel corso della nostra ricerca, ne è espressione metodologica; è impianto programmatico e ci permette di dimostrare in maniera razionale la nostra tesi di fondo, che si basa su tematiche ontologiche. La struttura, manipolata e gestita in termini discorsivi, possiamo usarla quale fattispecie di mediazione tra il percettibile e l'impercettibile razionale. I punti che meglio chiariscono tale concetto sono quelli riscontrabili negli ultimi canti del *Pur.* e quelli nei canti musicali del *Par.*, che presentano il tema dell'ineffabilità dell'esperienza musicale.

L'altro motivo da segnalare è quello che Nino Pirrotta ha intelligentemente chiamato "momento tutto interiore della creazione poetica" che Dante usa e che esplicitamente menziona come punto riflessivo nel *D.V.E.* *(2.8.4)*. Tale motivo è l'intervento della musica nel processo della "fabricatio verborum" della canzone. Ed essa, cioè la canzone, si attiene a due processi dinamici, che Dante chiama *actio* e *passio*:

...Et circa hoc considerandum est quod cantio dupliciter accipi potest:
uno modo secundum quod fabricatur ab autore suo,
et sic est actio--*et secundum istum modum Virgilius primo Eneidorum dicit*
"Arma virumque cano"--; *alio modo secundum quod*
fabricata profertur vel ab autore vel ab alio quicunque sit,
sive cum soni modulatione proferatur,
sive non: et sic est passio.

(D.V.E. 2.8.4)

[E a questo proposito bisogna tener presente che il termine "canzone" si può assumere in due sensi: in uno, in quanto è costruita dal suo creatore, e in tale senso è azione--e in questa accezione che Virgilio nel primo dell'*Eneide* dice "Canto le armi l'eroe"--; in un altro in quanto, una volta costruita, venga recitata dal suo creatore o da chiunque altro, con o senza modulazione della melodia: e in questo senso è passività].

Nasce da questo processo creativo la forma di relativismo tra la parola poetica e la sua esplicita forza armonizzatrice che, nel suo farsi, esige l'intervento di due polarità, le quali si delineano sotto forma di elementi: l'uno attivo e l'altro passivo. La parte attiva è quella che esercita la funzione creativa della poesia, mentre la passiva è quella che riceve la poesia creata. Ma qui, la sottigliezza dialettica di Dante risiede nel fatto che anche la parte passiva viene ammessa come agente della trasmissione, in quanto ricreazione del testo già creato e fruitore di esso perché riceve "la comunicazione [dell'*actio* che si dirige] verso l'esterno, dove la 'res facta' comincia a distaccarsi dal suo autore" e procede ad instaurare un rapporto di interdipendenza tra il compositore e il fruitore, tra la parola e l'armonia.[74]

La costruzione poetica è governata dall'armonia musicale "in quanto compagine fonica, ritmica e metrica delle parole"; e, per tali caratteristiche, rientra "come elemento costitutivo dell'espressione poetica".[75] Di fronte a tale realtà, nasce spontaneo anche il problema di determinare l'ordine gerarchico tra poesia e musica; e la *vexata quaestio* che ha impegnato molti studiosi è stata quella di verificare se è più importante la *costructio* poetica o la sua armonia. Rispondendo con Vittorio Russo:

> ...*il valore e la portata dell'operazione dantesca*
> *sugli statuti di fondo della poesia" si può dire che*
> *qui, non si tratta: "tanto di rapporto tra arti consorelle...*
> *ma piuttosto dell'assunzione dellacomponente melodica e musicale*
> *come intrinseca alle leggi interne della composizione poetica,*
> *della parola in sé nella sua struttura fonico-sillabica e*
> *dell'accostamento armonico delle parole, secondo*
> *misure metriche e ritmiche, di tutto ciò che, in*
> *definitiva, concorre a qualificare la composizione*
> *poetica come 'fabricatio verborum armonizatorum'".*

(Russo, p. 40)

Sulla base di tale configurazione, e riprendendo il concetto di *signum* come espressione elementare della *constructio* poetica, ci accorgiamo che Dante ne conferma apertamente la sua natura duplice:

> *Hoc equidem signum est ipsum subiectum nobile*
> *de quo loquimur: nam sensuale quid est in quantum*
> *sonus est; rationale vero in quantum aliquid significare*
> *videtur ad placitum.*

(D.V.E. 1.3.3)

[Ecco, è questo segno quel nobile fondamento di cui parliamo: fenomeno sensibile in quanto è suono; fenomeno razionale in quanto ciò che significa, lo significa evidentemente a nostro arbitrio.]

Il discorso dantesco, relativamente alla poesia, ci consente di arrivare ad una deduzione con l'avviso di non perdere di vista la massima classica pitagorica della riduzione della molteplicità all'unità per ricavare la giusta disposizione fonica.

Sempre restando sul tema del suono, considerato come manifestazione elementare della musica, possiamo dire che esso è nesso inscindibile della *constructio* poetica. Dante nel discutere la creazione del verso dice che: "*quicquid versificamur sit cantio*" (tutto ciò che esprimiamo in versi sia 'canzone'). Perciò le categoriche distinzioni che, per questioni di chiarezza, facciamo della poesia e della sua musica, non sono presenze fruibili in forma divisibile, ma si plasmano vicendevolmente e formano un nesso inscindibile. Esse, nella loro natura inscindibile, sono espressione di verità trascendentale e solo in tal senso possono essere comprese.

Nello scegliere la forma poetica più nobile, Dante preferisce la canzone perché essa è dotata di un equilibrio ineguagliabile rispetto ad altre forme poetiche; e, viepiù, non ha bisogno dell'ausilio di altre cose, per esempio della danza o della musica strumentale, per poter manifestare la sua virtù poetica. Essa è autosufficiente perché meticolosa è la scelta delle sue componenti che si attuano attraverso il processo creativo. Per quanto riguarda la scelta del verso, Dante preferisce l'endecasillabo perché: "esse superbius, tam temporis occupatione quam capacitate sententiam constructionis et vocabulorum" (si rivela il più splendido, sia per misura di tempo che impegna sia per quanto è capace di contenere in fatto di pensiero, costruzione e vocaboli, *D.V.E.* 2.5.3). Il metodo adottato per la costruzione della canzone segue delle regole molto rigorose, perché: "Est enim sciendum quod constructionem vocamus regulatam compaginem dictionum" (Bisogna in effetti sapere che chiamiamo costrutto un insieme organico di parole unite secondo regole, *D.V.E.* 2.6.2). Il costrutto poetico della canzone deve avere un certo gusto e leggiadria; in più, le parole che si uniscono in poesia e secondo regole, necessitano una scelta che sia basata sulla natura del vocabolo. Per Dante, i vocaboli più adatti alla canzone sono quelli che egli chiama *pexa* e *yrsuta* (pettinati e villosi). Il poeta chiama *pexa* quei vocaboli che sono:

> *...trisillaba vel vicinissima trisillabitati, sine aspiratione, sine accentu acuto vel circumflexo, sine* z *vel* x *duplicibus, sine duarum liquidarum*

geminatione vel positione inmediate post mutam,
dolata quasi, loquentem cum quadam suavitate
relinquunt: ut amore, donna, disio, virtute, donare,
letitia, salute, securtate, defesa.
(D.V.E. 2.7.5)

[trisillabici o molto vicini al trisillabismo, senza aspirazione, senza accento acuto o circonflesso, senza le consonanti doppie *z* e *x*, senza liquide geminate o poste subito dopo una muta, i vocaboli insomma quasi levigati, che a pronunciarli ti lasciano come una soavità in bocca: quali *amore, donna, disio, virtute, donare, letitia, salute, securtate, defesa*]. *Yrsuta,* dall'altro canto, sono tutti quei vocaboli che: "appellamus que camspare non possumus, ut quedam monosillaba, ut sì, no, me, te, se, a, e, i, o, u, interiectiones et alia multa" (chiamiamo, per l'esattezza, quei termini che non si possono evitare, come certi monosillabi quali *sì, no, me, te, se, a, e, i, o, u,* le interiezioni e molti altri; *D.V.E.* 2.7.6). In aggiunta ai pettinati e villosi, Dante include tutti i polisillabi che, mescolati ai vocaboli pettinati, producono una bella armonia di costrutto: "pulcram faciunt armoniam compaginis". Esempi di tali polisillabi sono: *speranza, honore, impossibilitate, inanimatissimamente,* ecc. Alla scelta del verso e dei vocaboli si potrebbero aggiungere la stanza e la canzone tutta. Ma essendo la stanza il raccoglimento di tutta l'arte della canzone, ci limitiamo solo ad indicare quello che il poeta dice a tale riguardo: "...sic...possumus...dicere stantiam esse sub certo cantu et habitudine limitatam carminum et sillabarum compagem" (...così...possiamo...affermare che la stanza è un assieme organico di versi e sillabe subordinato a una melodia ben determinata e a una definita disposizione; *D.V.E.* 2.9.6).

Dagli esempi citati possiamo cogliere l'unità di fondo di tutta la *constructio* poetica che viene applicata alla canzone. Le microsequenze che costituiscono il testo poetico, pur distinguibili come parti individuali e separate, per la loro funzione precisa che rivestono nel processo creativo, in realtà, convergono tutte verso lo stesso fine; cioè partecipano tutte della creazione macrosequenziale che, in effetti, è la creazione del testo poetico per intero.

Riorganizzando le idee esaminate nel discorso fin qui fatto sul tema musicale, la lezione classico-medievale balza fuori e trova applicazione chiara alla *constructio* della canzone. Insomma, nella creazione poetica teorizzata nel *D.V.E.* circa l'arte della canzone, Dante prosegue per cogitazione numerica visto che la giusta disposizione dei valori numerici è la parte fondamentale da cui scaturisce sia la poesia che la sua virtù estetica: "Tota igitur scilicet ars cantionis circa tria videtur consistere: primo circa cantus divisionem, secundo circa partium habitudinem, tertio circa numerum carminum et sillabarum" (Dunque tutta la tecnica della canzone si rivela consistere in questi tre fattori: in primo luogo nella partizione della melodia, secondariamente nella disposizione delle parti, in terzo luogo nel numero dei versi e delle sillabe; *D.V.E.* 2.9.4). Tutto questo per il fatto che dal primo tentativo di unir parole in poesia siamo costretti a rispettare le leggi del numero. E già nell'elementarità delle parole stesse, come ci fa notare il poeta, ritroviamo l'indizio di una legge armonica primordiale del numero che si profila come chiave interpretativa del vero poetico. Perciò, più un numero si avvicina all'unità e più l'armonia è bella: "Quella cosa dice l'uomo essere bella cui le parti debitamente si rispondono, per che de la loro armonia resulta piacimento." (*Conv.* 1.5.13). Più un numero trova coesione nell'unità e più ci si avvicina all'universalità primigenia del linguaggio che è appunto, come dice Maria Corti, il ripristino del 'rapporto di necessità e *consequentia* fra la *res* e i *nomina* ('*nomina sunt consequentia rerum*').[76] Il bisogno di ritornare alla realtà primigenia non è un fatto puramente fortuito e senza una ragione plausibile, ma è - oltre al 'rapporto di necessità...fra la *res* e i *nomina*' come coordinate di paragone - ordine indispensabile, apprensione del vero (in quanto realtà funzionale commisurata al rendimento), sutura primaria che solo in apparenza potrebbe sembrare dicotomica, ma che in realtà è l'espressione edificante dei due termini di paragone; cioè è il ricongiungimento aprioristico optato ontologicamente.

E' sotto questa ottica che il tema musicale, nelle opere minori di Dante, meglio trova applicazione e più facilmente getta luce sui suoi micro-testi. Le opere minori, specialmente il *Conv.* e il *D.V.E.*, si profilano come tappe sperimentali verso la formazione e lo sviluppo della teoria musicale del poeta. La teoria musicale dantesca quale espressione più alta dell'*ars*, la vediamo in azione nella *D.C.*. Qui, nella *Com.*, come ha ben colto anche Vittorio Russo, la musica assume una "peculiarità di *motivo* narrativo, ...con funzione significativa nell'organizzazione calibrata del racconto e nel sistema strutturato della *fabula*".[77] Sotto forma di teoria, inoltre, avviene anche la presentazione della musica, sistematicamente ripartita secondo i tre nuclei tematici di: *musica instrumentalis, musica humana* e *musica mundana*.

Un'ultima osservazione sul *Conv.* è che Dante si preoccupa di ricercare gli elementi minuti costituenti la musica e l'esigenza di definirne filosoficamente i suoi rapporti armonici e melodici in termini numerici. Il *D.V.E.,* invece, è il trattato in cui Dante applica, in maniera tecnica, il resoconto della sua ricerca ottenuto con il *Conv.*. Cioè si può considerare come lo studio delle consonanze numeriche, della ricerca della melodia e dell'armonia, che trovano applicazione empirica nella *constructio* della canzone e della lingua universale che Dante, appunto, teorizza proprio qui, nel *D.V.E.*.

Al di là dei trattati fin qui esaminati, prima di entrare nel merito musicale della *Com.*, diamo uno sguardo anche al trattato politico dantesco che, per varie ragioni, sembra essere piuttosto rilevante e pertinente anche alla tematica musicale, il *D.M.*.

Nel puntualizzare il discorso sull'uno, unitamente a quello del bene e del male, e nel cercare di darne una definizione comprensibile e razionalmente accettabile, Dante imposta un discorso carico di trasparenza armonica, che è implicito al tema dell'uno, del bene e del male. Il tessuto armonico riscontrabile nel *D.M.*, che tra l'altro è anche la manifestazione del pensiero maturo del poeta, effonde un motivo musicale vagliabile attraverso uno schematico ragionamento filosofico.

Riprendendo il discorso sull'*ens* (ente), Dante ripercorre l'itinerario classico dell'uno teorizzato da Pitagora e Aristotele. Estremamente importante è il termine di paragone che egli instaura tra uno-buono-ordine. Se intendiamo il ragionamento dantesco, vediamo che, per natura, l'ente precede l'uno e l'uno il buono. Ma, indiscutibilmente vero è anche il fatto che ognuno dei tre termini non può escludere l'altro, perché essi sono regolati dalle proprie leggi interne:

> *...Ens enim natura precedit unum, et maxime unum*
> *maxime bonum; et quanto aliquid a maxime ente*
> *elongatur, tanto et ab esse unum et per consequens*
> *ab esse bonum. Propter in omni genere rerum illud*
> *est optimum quod est maxime unum.*

[Giacché l'ente per natura precede l'uno, ma l'uno precede il buono:

ed invero quello che è massimamente ente è massimamente uno, e quel che è massimamente uno è massimamente buono; e quanto più una cosa si allontana da quello che è massimamente ente, tanto più si allontana dall'essere uno, e per conseguenza dall'essere buono. Per questo in ogni genere di cose, è ottimo quello che è massimamente uno].[78]

Ora io mi domando, di fronte a questa evidenza testuale, come si può far passare inosservato un discorso di tale spessore musicale? Per poter inquadrare il discorso musicale nella giusta prospettiva, bisogna riprendere le tesi classiche e medievali relative all'armonia, che abbiamo esaminato nel capitolo introduttivo di questo studio. Colà abbiamo puntualizzato le varie funzioni dell'uno e del suo valore circa la sua indispensabile presenza nella poesia, nella musica e nell'estetica.

Per Pitagora e i pitagorici, un qualsiasi numero deteneva delle proprietà ben precise e definibili entro certi parametri discorsivi. Ossia, un numero poteva significare disuguaglianza, uguaglianza e rapporto. Il metro di queste forme qualitative a cui uguaglianza, disuguaglianza e rapporto si misuravano era l'entità primaria, era l'uno come numero e come unità. Se in apparenza tale definizione sembra impenetrabile, è pur vero che, in un contesto esegetico, si può tradurre in esercizio didattico. Per Pitagora, la verità delle cose si trova col ritrovare l'archetipo numerico che detiene due qualità distintive: di pari e di dispari. Una conferma a prova di tale tematica sono le parole stesse di Dante:

> *Non solamente in tutti insieme, ma ancora in*
> *ciascuno è numero, chi ben considera sottilmente;*
> *perché Pittagora, secondo che dice Aristotile nel*
> *Primo de la Fisica, poneva li principii de le cose*
> *naturali lo pari e lo dispari, considerando tutte le*
> *cose esser numero.*
>
> *(Conv. 2.13.18)*

Nel suo ragionamento intorno all'uno, Dante si avvale prevalentemente della lezione aristotelica fondata sulla teoria pitagorica, che vede i principi delle cose nel numero e tutto il cosmo è un'armonia e numero. Alla stregua di questo ragionamento, per meglio chiarire la definizione di numero, soprattutto di *numero supremo o archetipo*, bisogna ricercare il semantema del termine e collocarlo nel giusto contesto storico. Avvalendoci del commento di San Tommaso d'Aquino sulla *Metafisica* di Aristotele, riscopriamo due definizioni importanti: quella dell'*uno*

e quella di *numero*. Circa l'*uno*, l'aquinate passa ad esaminare la sua
essenza e menziona i due principi basilari che esso detiene. Essi sono
uno di tipo finito e l'altro di tipo infinito, che insieme costituiscono la
sua sostanza. Relativamente alla definizione di *numero*, egli dice che
per Pitagora e i neopitagorici numero era il costituendo di più unità,
chiaramente, tutte volte allo stesso fine. Da ciò si evince che nel parlare
di *numero* si parla necessariamente di *uno*, e l'*uno* non è altro che la
definizione di *numero* e, allo stesso tempo, è l'origine, la sostanza e
l'essere delle cose.[79] Per i predecessori di Aristotele e per Aristotele
stesso, il punto principale è che tutti vedevano l'*uno* come *APXH* (principio). In termini musicali, la ricerca di questo principio significa avvi-
cinarsi il più possibile all'*uno*, perché più il rapporto è stretto e più l'armonia è bella. Questo modo di concepire la realtà è soprattutto monito
che richiama alla nostra attenzione la necessità di conformarci massimamente al principio che è, in effetti, bene, ordine e funzionalità. In
altre parole, è tutto quello che si prefigura *in bono* nell'esistenza.

Dopo questa breve digressione tematica sull'*uno*, ritorniamo al *D.M.*
e vediamo come, anche in questo trattato, Dante sia preso dall'esigenza
di dimostrare un'indispensabile forza armonica, sebbene lo faccia nelle
vesti di teorizzatore politico. In forma di *leitmotiv*, l'amministrazione
dei popoli di questo mondo, per Dante, deve avvenire per mezzo di un
unico monarca, perché tutte le cose devono essere ordinate secondo
natura e corrispondere al tutto. Per Dante, questo significa che la pluralità dei principati è da evitarsi decisamente, perché è un male: " Entia
nolunt male disponi; malum autem pluralitas principatum:unus ergo
princeps" (" Le cose non vogliono essere mal disposte. Ora la pluralità
dei principati è un male. Uno sia dunque il principe."; *D.M.* 1.10.6).
Dante si schiera a favore della monarchia universale per il fatto che, sil-
logisticamente parlando, è la più adatta e la più rispondente ad una condizione di ordine. La monarchia, universalmente s'intende, è la forma
di governo massimamente auspicabile perché conforme alle leggi della
natura divina. E non solo per questo, perché se così fosse, non chiari-
rebbe il nostro dubbio iniziale relativo ad una giusta forma di governo.
Dante crede che la monarchia universale sia l'ordinamento politico più
indicato nella vita dei popoli per la sua pragmatica funzionalità. Per
spiegare questo punto, Dante parte dall'assunto che in tutte le cose
ritroviamo un duplice ordine: "ordo scilicet partium inter se, et ordo

partium ad aliquod unum non est pars" (l'ordine delle parti fra loro, e l'ordine delle parti rispetto a un qualcosa [ente] che non è parte [esso stesso]; *D.M.* 1.6.2). L'ordine delle parti in vista dell'ente, cioè del secondo ordine, è migliore dell'altro, per la ragione che il fine del primo ordine è appunto quello di svolgere un compito ordinato, unitamente alle altre parti, rispetto a quel "qualcosa" che non è parte. A chiarimento di tale concetto possiamo, a titolo d'esempio, prendere il corpo umano. Qui vediamo che le parti detengono un certo ordine in se stesse e rispetto a se stesse, che è indubbiamente importante; ma più importante è il secondo ordine che esse concorrono a formare; cioè tutte le parti sono disposte secondo legge e formano l'ordine del corpo intero. Inoltre, relativamente al corpo intero, bisogna osservare la sua intrinseca caratteristica di funzionalità ed esistenza in virtù proprio delle singole parti che lo compongono con dinamica unitiva, e che, solo come entità unitiva ha ragione e potere di esistere. Sotto il profilo politico vediamo che il pensiero dantesco è permeato di risonanze armoniche, perché si avverte una continua necessità di disporre i singoli popoli secondo un certo ordine. I popoli della terra devono tutti sottostare alla giurisdizione di un singolo monarca, perché solo così, nella concezione dantesca, si può raggiungere il massimo grado di giustizia. Si pensi per un attimo ai regni di Saturno, regni dei tempi meravigliosi dell'età dell'oro: " Saturnia regna dicemant optima tempora, que etiam aurea noncupabant" (regni Saturni dicevano l'età felicissima, che denominavano anche [età] dell'oro; *D.M.* 1.11.1-2). Si ha il massimo grado di giustizia con un singolo monarca, perché, nel monarca, si trova il livello più alto di giusto amore. E: "omne diligibile tanto magis diligitur quanto propinquius est diligenti" (ogni cosa amabile è tanto più amata quanto è più vicina a chi ama; *D.M.* 1.11.15). La forte tendenza di ridurre tutto alla *unitas*, il desiderio di formare il più perfetto rapporto tra le componenti del tutto è espressione avvincente di una riduzione del molteplice all'unità. Questa situazione ci ripropone il gioco numerico che prevale nell'essenza di ordine e di giusta disposizione; nonché di richiamo imperituro delle leggi armonico-musicali. Le leggi dell'armonia e della musica in generale, siano esse considerate sotto l'aspetto scientifico che come categorie filosofiche, detengono una caratteristica fondamentale inalterabile che è il numero, e il numero, a sua volta, ci aiuta a razionalizzare l'esperienza del buono e del vero che si verifica su un piano

trascendentale. Di qui si vede che la musica è come il rito iniziatico
che ci introduce in una realtà metafisica, e solo attraverso tale realtà
siamo in grado di penetrare l'impenetrabilità del mistero cosmico. Il
numero, inoltre, è sempre relativo al concetto di unità; numero, che
sia chiaro, come manifestazione delle parti di un composto armonico e
funzionale. A ribadire questo punto è lo stesso Dante:

*...genus humanum optime se habens est quedam
concordia; nam, sicut unus homo optime se habens
et quantum ad animam et quantum ad corpus est
concordia quedam, ergo genus humanun optime se
habens ab unitate que est in voluntatibus dependent.*

(D.M. 1.15.8)

[ora il genere umano è ottimamente disposto, sì nell'anima che nel
corpo, forma una certa concordia (ed altrettanto è d'una casa, d'una
città e d'un regno), così anche tutto quanto il genere umano: dunque il
genere umano ottimamente disposto dipende dall'unità dei voleri].

Qui Dante assume il ruolo di politologo ed elabora la sua teoria politica volta ad affermare l'unità dei voleri delle genti, quell'unità necessaria per la monarchia universale; ma è anche vero che, allo stesso tempo,
sotto il discorso politico si cela un'indiscutibile concretezza armonica.
Questo per il fatto che, sebbene non ci sia un contenuto musicale vero e
proprio (o per lo meno, un contenuto musicale tradizionale al quale noi
siamo abituati) è pur vero che nell'ideale dantesco di monarchia bale-
nano le costituenti musicali più dinamiche che sono, appunto, quelle
del numero e dell'unità. Numero e unità, allora, sono i termini che ci
spingono ad avvicinare il *D.M.* sotto una possibile ottica musicale. Da
lettori reali bisogna trasporsi nel ruolo di lettori impliciti e risalire il
più accuratamente possibile alle origini del pensiero dantesco. In tal
senso, benché il fine del poeta sia quello di esporre la sua dottrina
politica secondo una deduzione sillogistica, è anche vero che, nel fare
ciò, Dante, *de facto*, getta luce sull'intrinseco apparato armonico che si
costruisce con il costruirsi del discorso politico. Come ha notato anche
il Barbi, Dante: "...talvolta assume qui [nel *D.M.*] pure l'atteggiamento
e il tono già notato nelle *Epistole*; perché per lui non è questione puramente politica, ma si tratta della salute dell'uomo; non è interesse puramente umano, abbandonato alla cura dei mortali, ma è ordinamento
divino,".[80] Questo forte desiderio di rivelare un equilibrio indispensa-

bile, come percorribile sentiero che conduce alla felicità umana, Dante lo presenta al lettore in termini di misura e secondo un procedimento sillogistico: "Omnia que sunt unius generis reducuntur ad unum, quod est mensura omnium que sub illo genere sunt; sed omnes homines sunt unius generis: ergo debent reduci ad unum, tanquam ad mensuram omnium eorum" (Tutte le cose che appartengono a uno stesso genere, si riducono a una, la quale è misura di tute quelle che sono comprese sotto quel genere; ma tutti gli uomini appartengono a uno stesso genere; dunque debbono ricondursi ad uno come a misura di essi tutti; *D.M.* 3.11.1). Questo significa che, per ottenere una giusta governabilità della specie umana, si deve per forza, e dall'inizio, stabilire una distribuzione armonica tra i popoli. Tutti i popoli devono essere predisposti a uno stesso fine e impegnati nella stessa causa unitaria. Dalla coscienza unitiva dei popoli, si risale a un motivo tutto musicale che si riallaccia alle 'rigorose leggi intellettuali dell'*ars*', capaci, queste, di ristabilire l'ordine fondamentale delle armonie trascendentali. Dante sente il dovere di spiegare questa verità assoluta, perché anche il mondo sublunare partecipa del grande piano divino. Ed è appunto attraverso la realtà compartecipativa che la mente umana viene introdotta a comprendere la perfetta consonanza dell'universo che 'a Dio fa somigliante'. Questa verità assoluta, questa musica cosmica, Dante potrà intenderle solo quando egli si troverà faccia a faccia con il Creatore. Infatti Beatrice, rivolta a Dante (Dante uomo terreno e personificazione di ogni uomo), prima che arrivi al Sommo Bene profferisce: "ancor dirò, perché tu veggi pura / la verità che là giù si confonde," (*Par.* 29.73-74).

CAPITOLO III

ITINERARIO MUSICALE NELL'*INFERNO*

La prima cantica della *Com.* occupa un posto a parte per le sue caratteristiche linguistiche in fatto di tematiche musicali. L'*Inf.* si differenzia dagli altri due regni ultra terreni per due motivi fondamentali: per l'assenza di musica e per la presenza di "antimusica". Tale situazione potrebbe apparire ambigua e contraddittoria, ma, in effetti, credo che sia la più consona, nel momento in cui passeremo ad esaminare l'argomento nei suoi nuclei tematici più particolareggiati. Tutto questo per la ragione che la critica dantesca dei secoli scorsi, come pure la critica contemporanea, a riguardo delle tematiche musicali strettamente riferite all'*Inf.*, si è divisa in due e, da una parte, troviamo studiosi che parlano di assenza musicale, dall'altra invece, ci sono quelli che lo considerano come un pieno di antimusicalità. Su questo tema abbiamo una copiosa bibliografia critica a disposizione, ma, nonostante ciò, quasi tutti gli studi fatti si riferiscono a episodi musicali singoli e distaccati, non affrontano l'argomento in forma integrale e relativamente a tutte e tre le cantiche (ad eccezione del lavoro di Arnaldo Bonaventura uscito all'inizio del secolo e che in un certo senso ha fatto il suo tempo) ma si limitano a parlare di quei *topoi* di più alto timbro musicale. Per esempio nei vari canti dell'*Inf.* si è maggiormente segnalato l'episodio di Mastro Adamo, *Inf.* 30; nel *Pur.*, di particolare rilievo è quello di Casella, (*Pur.* 2); nel *Par.*, le immagini musicali sono più numerose e cospicuamente intense, per cui il numero di canti segnalati dalla critica è maggiore rispetto alle altre due.[81] A differenza di quello che la critica ha proposto sin qui, nel presente capitolo, come pure negli altri due restanti, ci preoccuperemo di ricostruire l'unità sinfonica di tutto il poema cercando di arrivare a dei valori specifici di ogni cantica rispetto a se stessa e rispetto a tutta l'opera. Inoltre esamineremo la luce come elemento estetico e quale funzione integrativa del sonoro che partecipa alla realizzazione musicale del poema.

Una percezione più o meno sulla stessa linea di pensiero è stata già
espressa da Vittorio Russo quando dice che:

> *La ricostruzione dell'unità sinfonica della* Commedia
> *e dei suoi parziali sistemi interni, fatti di isole*
> *ritmiche, riprese, richiami, interrelazioni,*
> *governati da una lucida logica organizzativa,*
> *resta ancora un'ipotesi di lavoro.*
>
> *(Russo, p. 51)*

Sempre allo stesso riguardo, non diverso è il parere espresso da Edoardo Sanguineti nel discorso introduttivo al suo saggio "Canzone sacra
e canzone profana" che vede il disegno musicale della *Com.* come
"una tematica di tanta ampiezza e complessità, poiché viene infine a
far corpo con l'intiera struttura compositiva e ideologica del poema".[82]
Come pure ipotesi di lavoro resta il ricercare l'*itinerarium* musicale
dello schema boeziano che emerge come struttura in tutta la *Com.*.

Per il momento mettiamo da parte le ultime tesi qui anticipate e ritorniamo alla prima proposizione, cioè a quella che vede l'*Inf.* come luogo
di assenze musicali e come luogo di presenze antimusicali. Dei molti
studi a nostra disposizione, nell'ambito della concezione delle assenze,
lapidaria è l'affermazione di Arrigo Boito: "che proclama 'Passons
L'Enfer, la musique n'y a pas lieu' "; o, relativamente all'ipotesi di un
pieno di antimusicalità, famosa è la posizione dello Schafer che vede
la musica dell'*Inf.* "come uno scarto calcolato tra diversi 'paesaggi
sonori'... che non sono riducibili a un mero vuoto di musica, ma si risol-
vono, se così vogliamo dire, in un *meditato* e significativo pieno di
antimusica, e massimamente in una vocalità orientata verso asprezze
disarmoniche e sgradevolezze acustiche".[83] Queste tesi sono ambedue
riprese dal Sanguineti, che propende soprattutto per la seconda; cioè
egli sostiene principalmente la tesi dello Schafer nel vedere nel primo
regno dantesco un "meditato e significativo pieno di antimusica".[84]
Ma anche quelli che hanno optato per la tesi di Arrigo Boito, cioè
quella dell' "assenza musicale", in effetti affermano anche la tematica
di "anti-musicalità". Lo stesso avviene per quelli che si sono riversati
sull'idea di "anti-musicalità" che, nel difendere tale posizione, nel contempo, sostengono anche "l'assenza musicale"; questo, naturalmente,
per ragioni prettamente dialettiche. Ossia, la fruizione di registri disar-
monici annulla l'equilibrio del suono riducendosi ad una musica delle

assenze, perché assenti sono armonia e melodia. Secondo questa logica, ci accorgiamo che il dato acustico si concretizza in una vuotezza musicale proprio per il fatto che manca di sonorità; perciò, sia la prima tesi che la seconda dovrebbo essere riconciliate almeno per tutto quello che hanno in comune. Poi, chiaramente, mediante un'osservazione più dettagliata delle due tesi sotto un profilo musicologico, ci porta a conclusioni diverse. Ma ciò non è di nostro intento in questo studio. Per cui, sin dall'inizio, è bene precisare che quando si parla di assenze musicali o di antimusicalità, ci si riferisce allo stesso criterio interpretativo.

Gli indizi che fanno trasparire presenze antimusicali o assenze musicali nell'*Inf.* sono tanti; e sin dal principio, mediante una bellissima accortezza retorica, Dante informa il lettore circa questo predominante motivo. A sostegno del nostro ragionamento qui è importante avvalerci dello studio di Amilcare Iannucci che esamina l'argomento in questione sotto un profilo strutturale gettando luce sul modo in cui si articola in tutte e tre le cantiche, soprattutto per quello che riguarda la tripartizione boeziana, cioè in: *musica mundana*, *musica humana*, *musica instrumentalis*[85]. Chiaramente, tutto il suo discorso, oltre a gettar luce su elementi di primaria importanza nell'ambito musicale, è sostanzialmente volto a spiegare la profanità del canto di Casella che troviamo in *Pur. 2*.

Cerchiamo ora di ripercorrere brevemente quei punti salienti della cantica dell'*Inf.* su cui Iannucci si è soffermato più a lungo. Secondo Iannucci, Dante apre il discorso musicale iniziando già dal primo canto e come premessa ci dice che il primo regno dantesco è pieno di confusione e disordine. Tutto questo per una mente medievale, quale quella dantesca, imbevuta di nozioni classiche, significa anche assenza di ordine numerico e, quindi, di assenza musicale. A fornirci un quadro chiaro della "struttura...non musicale" dell'*Inf.* sono tutte le cose che vi sono dentro, compreso la sua visione totale. Ma un primo richiamo a tale motivo glossato da Iannucci è: "là dove 'l sol tace," (*Inf.* 1.60). Ci troviamo qui di fronte ad una sinestesia, figura di intenso effetto retorico, che serve appunto a richiamare l'attenzione del lettore. Nel suo aspetto figurale crea una perfetta unità sia sul piano semantico che sul piano sintattico del verso, manifestandosi con vigorosa risonanza fono-simbolica. A caricare il verso di tale qualità è in effetti la parola "tace", che punta soprattutto ad aprire un discorso musicale, o più precisamente a parlare di una musica assente, visto che si ha di fronte un "sole" freddo, scuro e taciturno: "nell'*Inf.* il sole tace perché non vi è ordine e quindi non vi è musica.".[86] Ma c'è di più.

Affianco all'idea del disordine, in tale regno sta a dimora anche quella dell'assenza del tempo: "in quell'aura sanza tempo". E qui il tempo deve essere inteso come assenza di suono armonico (come ha giustamente colto Iannucci citando Jacopo della Lana): "Questa idea è assai bene espressa da Jacopo della Lana che collega l'espressione `sanza tempo' di *Inf.* 3 con il suono disarmonico che accoglie il viaggiatore all'ingresso dell'*Inf.*.[87] E il passo ce ne dà chiara conferma:

> *Quivi sospiri, pianti e alti guai*
> *risonavan per l'aere sanza stelle,*
> *per ch'io al cominciar ne lagrimai.*
> *Diverse lingue, orribili favelle,*
> *parole di dolore, accenti d'ira,*
> *voci alte e fioche, e suon di man con elle*
> *facevano un tumulto, il qual s'aggira*
> *sempre in quell'aura sanza tempo tinta,*
> *come la rena quando turbo spira.*
>
> *(Inf. 3.22-30)*

A riguardo dei versi qui riportati, Jacopo della Lana commenta: "E questo dice elli perché ogni suono attemperato per ragion di musica rende all'udire alcun diletto, ché il tempo è in musica uno ordine, il quale fa consonare le voci insieme con aria di dolcezza. Or dunque se quel romore è senza tempo, seguesi che è senza ordine, per *consequens* senza alcun diletto".[88] Su tale chiosatura bisogna dire che Jacopo della Lana conosceva bene la lezione classica sulla musica. Qui è il caso di richiamare i pitagorici che consideravano il numero avere delle qualità precise. Il numero significava: disuguaglianza, rapporto e proporzione derivanti dall'entità primaria, dall'*uno*. Uno quindi, non solo come numero, ma anche e soprattutto come unità. Perciò il numero era al tempo come il tempo era al numero. In tal senso, tutto deve essere considerato alla stregua di rapporti e intervalli musicali fondamentali alla base dei quali troviamo il regno del tempo. Sebbene questa sia una realtà dimostrabile sulla *musica instrumentalis*, allo stesso tempo può essere trasferita sui piani della *musica humana* e *mundana*. Questo perché nell'*Inf.* si ha la mancanza di ordine e la mancanza di tempo sia nelle singole anime che in tutto il suo macro-paesaggio:

> *...Lana, conforme ovviamente alla teoria musicale*
> *della sua epoca, collega l'assenza di 'dolcezza' nel*
> *suono infernale con la mancanza di ordine nella*
> *struttura macrocosmica dell'inferno. Il disordine*
> *del macrocosmo è il segno del corrispondente*
> *squilibrio del microcosmo, delle anime devastate dei dannati,*
> *che sono 'scordate' e lo resteranno eternamente in quel regno 'sanza tempo'.*
>
> *(Iannucci, Musica e ordine, p. 94)*

Visto che l'atmosfera infernale produce degli effetti acustici e visivi poco piacevoli, la premessa musicale di Iannucci su tale cantica è che, sia sul livello macrocosmico che su quello microcosmico, vi è un'assenza di ordine; anzi Sarolli (citato da Iannucci) dice che nell'*Inf.* troviamo più che altro una *musica diaboli*, perfettamente rispondente a questo reame, perché è una negazione dell'ordine e dell'armonia.[89]

Microcosmicamente la mancanza di ordine è comprovata dalla deformazione delle anime dannate. Qui Iannucci chiosa la distorta immagine di Mastro Adamo, che appare al poeta come un "leuto", il suo corpo è affetto da idropisia. Dante costruisce quest'immagine deformata di Mastro Adamo per mettere in enfasi la mancanza di ordine e la mal corrispondenza delle parti rispetto al tutto corporeo. Un dato questo molto significativo per l'estetica medievale e, più precisamente, per il poeta è un requisito fondamentale, ampiamente discusso in *Conv.* 2.13.18. Cioè l'assenza di armonia numerica (per mal disposizione delle parti) implica un problema estetico e Dante, nel suo trattato filosofico, lo indica come "difetti" o "impedimenti":

> *...Dentro da l'uomo possono essere due difetti e*
> *impedimenti: l'uno da la parte del corpo, l'altro da*
> *la parte dell'anima. Da la parte del corpo è quando*
> *le parti sono indebitamente disposte, sì che nullo*
> *ricevere può, sì sono sordi e muti e loro simili.*
>
> *(Conv. 1.1.3)*

Iannucci decide di chiosare il passo di Mastro Adamo perché è il più adatto, ma particolarmente adatto è per la sua "esplicita figurazione musicale":

> *Io vidi un, fatto a guisa di lëuto,*
> *pur ch'elli avesse avuta l'anguinaia*
> *tronca da l'altro che l'uomo ha forcuto.*
> *La grave idropesì, che si dispaia*
> *le membra con l'omor che mal converte,*
> *che 'l viso non risponde a la ventraia,*
>
> ....
>
> *E l'un di lor, che si recò a noia*
> *forse d'esser nomato sì oscuro,*
> *col pugno li percosse l'epa croia.*
> *Quella sonò come fosse un tamburo.*
>
> *(Inf. 30.49-103)*

In questo passo, oltre a vedere i lineamenti fisici sfigurati a mo'
di "lëuto", Iannucci ci fa notare che dall'apparenza iniziale, Mastro
Adamo subisce una notevole trasformazione e, nel suo aspetto finale, si
presenta a guisa di tamburo. Tutto questo, stando a quello che ci dice
Iannucci, significa che:

> *...Nell'ambito della scala gerarchica degli strumenti musicali,*
> *la caduta è considerevole. Il tamburo è molto inferiore al liuto che,*
> *in quanto strumento a corda, è associato al Mondo-Lira e alla perfezione.*
> *Ciò che accade in questo episodio è che l'anima di Mastro Adamo viene*
> *metaforicamente 'scordata', disarmonizzata. Il termine di paragone*
> *iniziale è falso; inizialmente il falsario appare per quello che non è, un liuto.*
> *In realtà è un tamburo e il suo corpo-anima continua a produrre suoni disarmonici.*
> *Il suo ventre teso rimbomba appunto come un tamburo.*
>
> *(Iannucci, Musica e ordine, p. 95)*

Un itinerario filosofico-musicale della *Com.* è sostenuto, come
abbiamo già avuto modo di segnalare altrove, dall'*auctoritas* boeziana.
A riguardo dell'udito, Boezio dice che tale organo di senso è la parte
mediante la quale si apprendono i suoni e che ha la facoltà di esercitare
un compito riflessivo nel discernere le differenze acustiche. In aggiunta
l'udito gode del suono propagato se i modi sono piacevoli e ordinati;
non certamente se sono gettati alla rinfusa e sconnessi:

> *...maximeque de arbitrio aurium, quarum vis ita*
> *sonos captat, ut non modo de his iudicium capiat*
> *differentiasque cognoscat, verum etiam delectetur*
> *saepius, si dulces coaptatique modi sint, angatur*
> *vero, si dissipati atque incohaerentes feriant sensum.*[90]

[Specialmente nel concernere la riflessione sull'udito: il senso del-
l'udito è capace di apprendere i suoni nel modo che non solo esercita

giudizio e identifica le loro differenze ma, molto spesso, ne prova piacere se i modi sono piacevoli e ordinati, mentre risulta irritante se essi sono disordinati e incoerenti.]

Quindi, anche se solo mediante il senso dell'udito, tenendo presente la chiosatura del *De mus.*, il giudizio musicale sull'*Inf.* è da considerarsi negativo per la mancanza di ordine sonoro e per la presenza di solo rumori che ne costituiscono sregolatezza. E' questa una percezione che chiaramente si riferisce al suono propagato, per cui, nel caso specifico, è più inerente la *musica instrumentalis.* Ma il discorso relativo alla mancanza di ordine e di incoerenza tra i timbri che producono il suono totale, introduce anche quello relativo alla *musica umana* che, anche a questo livello, delinea una carenza di armonia tra le parti. Questa carenza di armonia è metaforica, perché si riferisce alle anime dannate e si palesa con delle precise unità discorsive e descrittive giocate, da una parte, come comparse ed esibizioni verbali da parte delle anime stesse, dall'altra come presentazione scenico-illustrativa da parte del poeta. Inoltre, la mancanza di armonia può essere intuita anche come mal formazione e mal disposizione tra gli organi del corpo (corpo figuratamente compreso con lineamenti umani) dei dannati: si pensi per un attimo alla già citata figura di Mastro Adamo. Qui Dante viene nettamente meno a quanto egli stesso sostiene in *Conv.* 1.5.13, perché la figura di Mastro Adamo indica la mancanza di una giusta corrispondenza delle "membra". Un inconciliabile rapporto questo che non permette la realizzazione dell'armonia dell'anima di questi spiriti infernali. Ora il rapporto qui potrebbe risultare un'impresa truffaldina se parliamo di corrispondenza delle membra quando ci troviamo di fronte a delle anime. Ma è proprio questa l'inventiva dantesca che carica di drammaticità e realismo gli spiriti infernali. Dante ce li descrive in carne ed ossa per comunicarci l'idea di una realtà oggettiva vissuta e di un viaggio realmente effettuato. È questo, in altre parole, il modo più efficace per tradurre in vere e proprie immagini un contenuto astratto, privo di forma, di natura trascendentale. Certo, la prerogativa dantesca di saper mediare fra la nuda realtà oggettiva e la visione di una verità anagogica, la sua capacità narrativa di esprimere comprensibilmente valori di un mondo trascendentale è, senza ombra di dubbio, uno dei suoi meriti più grandi. Proprio ai limiti delle nostre facoltà conoscitive Dante garantisce l'efficacia di un metodo narrativo che va dalla *forma spiritualis* ad una *forma materialis.* Ciò significa che le membra dei dannati, oggetto di una percezione materiale, sono anche indicazione non solo di una realtà metaforica che allude alla condizione dell'anima come espresso da Iannucci, ma sono, viepiù, un vero e proprio modo di significare di quel che "*per verba* non si poria".

Abbiamo detto che le anime infernali costituiscono disordine perché, corpo ed anima, non godono di una giusta corrispondenza delle proprie parti e prima di essere in sintonia con una cosa eterogenea alla loro natura, devono essere in sintonia con se stessi. Ed è proprio questo il requisito fondamentale che manca nella loro visione totale.[91] La mancanza di ordine determina anche l'annullamento di un eventuale dato musicale, di musica *humana* più precisamente. E il discorso non si esaurisce qui. Se allarghiamo il nostro campo d'osservazione dal microscopico al macroscopico, ci accorgiamo che tutto il regno infernale rispecchia le caratteristiche di disordine e di incoerenza di ogni genere. L'*Inf.*, considerato nella sua visione totale, cioè come luogo vero, reale, di esperienze vissute, nelle sue tante intricate interrelazioni, con ritmo narrativo ampio ed avvolgente, non riesce, nel suo divenire, a darci un'unità musicale per ciò che concerne i suoi nuclei sonori; addirittura questa unità è rovesciata per effetto di una onnipresente influenza del male che si rivela non solo come funzione tematica, ma anche come spiccata etichettatura musicale. Pertanto, questa prima cantica ci porta ad affermare che anche la *musica mundana* non vanta alcun merito qualitativo sulla *humana* e, quindi, riducibile anch'essa a mero presupposto di negazione.

È da ricordare inoltre come e da quali *auctores* Dante attinse nozioni volte allo sviluppo, trasformazione ed elaborazione della propria produzione letteraria di stampo musicale. Basta qui ricordare gli espedienti dell'*intertestualità* e dell'*interdiscorsività* quali canoni compresenti nella ricezione delle fonti.[92]

Ora, ritornando al nostro discorso e ben avvedendoci della situazione infernale, scopriamo che il motivo musicale di tutta la cantica non si esaurisce solo con la determinazione della sua assenza, ma alcuni passi chiave emergono come reperti musicali che, ordinati secondo metodo, ci forniscono un apparato musico-strutturale prezioso di tutta la cantica. Ma andiamo per ordine.

Riprendiamo per un attimo il discorso sulla chiosatura: "là dove 'l sol tace,". A rinforzare il valore semantico della sinestesia citata precedentemente, ritroviamo il campo sonoro stesso. A convalidare tale posizione è quel passo intelligentemente notato dal Sanguineti in cui Dante si mosse e tenne dietro al suo maestro. Ma prima che i due viandanti inizino la discesa tra "la perduta gente", Virgilio informa il suo discepolo di una cosa molto importante:

> *Ond'io per lo tuo me' penso e discerno*
> *che tu mi segui, e io sarò tua guida,*
> *e trarrotti di qui per lo loco etterno;*
> *ove* udirai *le disperate strida,*
> vedrai *li antichi spiriti dolenti,*
> *ch'a la seconda morte ciascun grida*

(Inf. 1.112-17)

Se si fa una lettura accurata di questo passo, ci accorgiamo che nel discorso introduttivo di Virgilio, il verbo "udirai" acquisisce una particolare carica musicale. Il Sanguineti sul passo sopra riportato dice che: "...se non altro,...nel canto inaugurale, quando Virgilio preannuncia a Dante il necessario viaggio 'per luogo etterno', l'*Inf.* appare, nelle sue parole, ancora prima che quale spazio visivo, nettamente quale spazio sonoro, segnato da 'disperate strida' ".[93] L'osservazione dal Sanguineti è molto convincente perché è appunto quel verbo "udirai" che ce ne dà conferma ed apre tutto un campo sonoro che domina la scena iniziale prima che il visivo venga introdotto sul piano narrativo. Infatti Virgilio annuncia a Dante che non appena varcheranno la soglia dell'*Inf.*, la prima percezione dei sensi chiamata in causa è la sonora: "ove udirai le disperate strida,/vedrai li antichi spiriti dolenti" e non dice: "ove...vedrai li antichi spiriti dolenti,/udirai le disperate strida"; perciò, il visivo è presentato subordinatamente al sonoro. La percezione visiva avviene solo in un secondo momento, e non a caso è menzionata nel secondo verso della terzina: "vedrai li antichi spiriti dolenti,". Tutto questo a prima vista potrebbe sembrare un fatto puramente casuale, ma in realtà le cose stanno in ben altro modo. Qui Dante non ha usato prima "udirai" e poi "vedrai" in maniera inavvertita, ma nella sua mente, a questo punto preciso, si prefigura con intensa lucidità un campo musicale che spazia al di là della semplice apprensione ricavabile da una qualsiasi pratica di lettura. Circa la dinamica di lettura, Eco parla di "model reader" e dice che:

> *Any...text is addressed, above all, to a*
> *model reader of the first level, who wants to know,*
> *quite rightly, how the story ends ...But every text*
> *is also addressed to a model reader of the second*
> *level, who wanders what sort of reader that story*
> *would like him or her to become and who wants to*
> *discover precisely how the model author goes about*
> *serving as a guide for the reader. In order to know*
> *how a story ends it is usually enough to read it*
> *once. In contrast, to identify the model author the*
> *text has to be read many times, and certain stories*
> *endlessly. Only when empirical readers have*
> *discovered the model author, and have understood*
> *(or merely begun to understand) what it wanted from*
> *them, will they become full-fledged model readers.*[94]

Nel parlare di "model reader" di secondo livello, Eco si riferisce a un lettore più avveduto di quello di primo livello, e solo esercitando questo tipo di lettura, il lettore empirico (che può essere una qualsiasi persona che legge il testo), diventa anche "lettore modello" perché capace di calarsi nel mondo creativo dell'autore modello", ossia di quell'autore che il lettore modello crea nel ricreare il discorso poetico mediante il processo di lettura e attraverso la sua funzione ermeneutica. Ed è proprio sotto questa ottica che noi siamo capaci di ricostruire l'intenzionalità testuale del poeta e affermare che la sua, senza alcun dubbio, è un'intenzionalità musicale. E vedremo il perché quando più in là riprenderemo il discorso.

Abbiamo già detto che il campo sonoro si impone al visivo nella summenzionata sequenza narrativa dell'*Inf.*, e questo è un fatto importante sia per noi che per il poeta perché egli, sin dall'inizio, ci vuol fare riconoscere e coinvolgere in un crescendo musicale che si porterà appresso in tutto il suo *itinerarium*. Infatti lo sviluppo musicale dell'*Inf.* si articola su un crescendo degenerativo del suono che, anime, animali, piante, acqua, ecc., aiutano a formare. Ma, per dare ordine e chiarezza al nostro discorso, andiamo ad esaminare più da vicino questi *topoi* musicali della prima cantica.

Nella parte introduttiva di questo capitolo abbiamo detto che il campo musicale si apre già dal primo canto con quell'atmosfera paesistica della selva oscura: "là dove 'l sol tace" che fa da avvertimento e da sfondo tematico al lettore. Tutto questo, nel suo quadro generale, è la premessa di un'assenza sonora che nella fattispecie musicale dell'*Inf.* si propaga come silenzio, ma soprattutto come rumore orrendo e ripulsivo. La stessa immagine Dante la riprenderà anche più avanti quando i due pellegrini discendono nel secondo cerchio, cioè in quel "loco d'ogne luce muto" (*Inf.* 5.28) che annovera un'immagine tenebrosa del regno. Ma nel guardarci bene da come scrutiamo le cose, ci accorgiamo che l'assenza di luce presentata sinesteticamente sul piano sonoro fa da cornice musicale al disegno strutturale ed itinerante del poeta. Questo per il fatto che l'assenza di luce comporta un'assenza di ordine in tutto il regno, visto che sia nel mondo classico che nel Medioevo, la luce svolgeva un compito eminentemente estetico. Cicerone, tanto per citare uno degli esempi classici, nel discorrere di bellezza fisica e premettendo il requisito classico fondamentale di proporzione armonica che è alla base di essa, ci informa che è necessario avere anche una buona proporzione tonale per quello che concerne la sua distribuzione coloristica: "Corporis est quaedam apta figura membrorum cum coloris quadam suavitate, eaque dicitur pulchritudo" (La bellezza fisica unisce giusta proporzione e piacevole colore).[95] Da questa posizione si evince che l'unità fondamentale del colore è la Luce. Cioè quella parte fondamentale che ne regola le sue tonalità in un gioco armonizzante di chiaroscuro. Nelle parole di Giovanni Scoto Erigena la luce è definita nei seguenti termini: "Lux color est...et formas rerum sensibilium detegit" (La luce è l'essenza del colore e rende le forme dell'universo fisico visibili).[96] Poi per non parlare del significato che la Luce assunse durante il tredicesimo secolo con l'introduzione dei trattati di ottica e prospettiva di Al-Hacen. Con l'influenza di questi trattati la luce acquisisce nuove caratteristiche, diventa un sistema cosmico generale e realtà metafisica, che, con le varie rappresentazioni di senso traslato, attinte già dagli antichi egizi dal culto del sole e poi passate ai neopitagorici, nel Medioevo essa diventa espressione divino-simbolica. La ricezione cristiana dei suoi nuovi connotati simbolici vedeva la luce come luce-verità, luce-presenza-divina, Cristo-giorno, ecc.

Se l'*Inf.*, da come ci dice lo stesso Dante, è il "loco d'ogne luce muto", esso presuppone una mancanza di armonia e di luminosità allo stesso tempo, e il tutto è giocato dialetticamente mediante il ruolo della sinestesia che spazia sia nel campo sonoro che in quello visivo. La forza di negazione è fissata sui due piani sensoriali più nobili. Per la cultura medievale la vista e l'udito erano i due sensi più elevati nella gerarchia percettiva. Queste nozioni il Medioevo le attinse dal mondo classico e specialmente da Platone e Aristotele; ma più direttamente dal platonismo agostiniano e da tutti quelli che lo ripresero più tardi.

Dante nell'*Inf.* fa largo uso di questa reminiscenza a tal punto da formarne un vero e proprio motivo narrativo. Qui il tema della luce è una rigorosa ideazione compositiva del poema, che fa da supporto ad una serie di gruppi sonori. Ed essi, legati insieme da una intenzionalità iniziale, fanno dell'ambiente infernale un'autentica *musica diaboli*. Con i primi canti della *Com.* constatiamo che il poeta, prima di entrare nella voragine infernale, puntualmente riprende il tema della luce:

> *Nel mezzo del cammin di nostra vita*
> *mi ritrovai per una* selva oscura
>
> *(Inf. 1.1-2)* [97]

> ....
> *Tal mi fece la bestia sanza pace,*
> *che, venendomi 'ncontro, a poco a poco*
> *mi ripigneva là dove 'l sol tace.*
>
> *(Inf. 58-60)*

> *Tal mi fec'io 'n* quella oscura costa,
> *perché, pensando, consumai la 'mpresa*
> *che fu nel cominciar cotanto tosta.*
>
> *(Inf. 2.40-42)*

Lo stesso avviene quando i due pellegrini varcano la soglia dell'antinferno:

> *Queste parole di* colore oscuro
> *vid'ïo scritte al sommo d'una porta;*
>
> *(Inf. 3.10-11)*

> ....
> *i' vegno per menarvi a l'altra riva*
> *ne le* tenebre *etterne, in caldo e 'n gelo.*
>
> *(Inf. 86-87)*

....
> *Finito questo, la* buia *campagna*
> *tremò sì forte, che de lo spavento*
> *la mente di sudore ancor mi bagna.*
>
> *(Inf. 130-32)*

Rimanendo sempre nel vestibolo infernale, Dante annovera la nostra nozione di fondo nei seguenti passi:

> *Vero è che 'n su la proda mi ritrovai*
> *de la valle d'abisso dolorosa*
>
> ....
> Oscura *e profonda era e* nebulosa
>
> ....
> "*or discendiam qua giù nel* cieco mondo",
>
> *(Inf. 4.7-13).*

Ma se qua e là Dante fa recupero di sensazioni luminose è perché prima di entrare nell'inferno vero e proprio deve giustificare quel "loco aperto, luminoso e alto," che è il limbo e che Dio in atto di bontà donò a quegli uomini magni del mondo pagano. Qui la luce è come un abbaglio per il resto del mondo infernale, perché essa è chiamata a comprovare un'ideale di bellezza dell'intelligenza umana rappresentata dalla "bella scola". Del resto come ha colto pure il Giacalone: " È questo il più alto omaggio reso da Dante alla civiltà del passato, poesia, filosofia, eroismo e virtù esaltate attraverso i più significativi personaggi della storia, quasi ad anticipare la *religio hominis* dell'Umanesimo. Del resto quella sapienza pagana Dante la considerava come anticipazione e preparazione provvidenziale della verità cristiana e, quindi, in un certo senso, massima attuazione e creazione della ragione umana, priva ancora di luce divina."[98] Sebbene la luce qui sia interruzione discorsiva della struttura musicale dell'*Inf.*, bisogna pur rendersi conto che si tratta di una semplice interruzione momentanea (se interruzione vera e propria possiamo chiamare questa breve parentesi luminosa) visto che l'oscurità e l'atmosfera tenebrosa fanno sempre da sfondo psicologico nel prospetto scenico-narrativo del viaggio. Tutto questo è testimoniato con la ripresa del viaggio e la discesa nel secondo cerchio del baratro infernale dove troviamo i lussuriosi:

> *Io venni in loco d'ogne luce muto,*
> *che mugghia come fa mar per tempesta,*
> ....
> *...'Maestro, chi son quelle*
> *genti che l'aura nera sì gastiga?'"*
>
> *(Inf. 5.28-51)*

Simile ai passi che siamo venuti chiosando fin qui, tutta la cantica è permeata di un'assenza di luce con precisi canoni modulativi che ora, per una questione di spazio, non andiamo ad elencare. Qui vale solo la pena ricordare che all'atmosfera scura del macrocosmo infernale si accompagna come elemento integrativo anche il piano itinerante nottetempo del poeta, che coincide con il buio notturno del giovedì santo prima, e del venerdì santo dopo. Ma, visto che le coincidenze sono così tante e di un'indiscussa precisione, non ci resta che vedere il ruolo dell'assenza di luce come espediente lirico-narrativo che si unisce al sonoro per la formazione della struttura musicale della *Com.*; o per essere più corretti, di una assenza musicale dell'*Inf.*.

Ora dall'assenza di luce fin qui esaminata, passiamo a parlare dell'assenza di suono o, meglio, della presenza di rumori. Infatti è proprio con frastuoni, con sgradevoli rumori che il pellegrino viene introdotto da Virgilio nell'*Inf.*: "Quivi sospiri, pianti e alti guai/risonavan per l'aere sanza stelle,". E' questa una tematica onnipresente mantenuta nel corso di tutto il viaggio infernale. La cantica è intessuta di un lessico accuratamente scelto dal poeta e molto adatto alla descrizione delle cose ivi trovate, come per esempio: "pianti, lamenti, strida, sospiri, orribili favelle, accenti d'ira, ecc.". Addirittura i rumori tendono a degenerare ancora di più con la *progressio itinerarii*. Il paesaggio dell'*Inf.* si apre con la descrizione sonora di: "...sospiri, pianti e alti guai/...diverse lingue, orribili favelle,/parole di dolore, accenti d'ira,/voci alte e fioche, e suon di man con elle" che crea un concerto di antimusicalità ad apertura di cantica. Così è parimenti visibile una incontrastabile *degeneratio vocis* che fluisce dal livello umano a quello animale. A mettere a punto tale considerazione è il copioso repertorio di verbi specifici e antimusicali che Dante usa. Uguale, e direi di livello superiore, è la tessitura della *constructio verborum*, o creazione poetica, che egli abilmente dimostra. Vediamo di chiarire questo concetto. Se si vanno a ricercare quei *topoi* sonori e riportandoli su una lista in ordine progressivo, ci accorgiamo che man mano che andiamo avanti, il poeta regola con preciso dosaggio lessicale questa sequenza narrativa; ossia, i suoni o rumori che dir si voglia fanno capolino all'inizio del viaggio come rumori di anime umane, ma pian piano diventano rumori bestiali. Allora alla sgradevolezza sonora propagata dalle anime dannate, si aggiunge l'elemento bestiale che acutizza questa *degeneratio vocis* e rinsalda l'unità narrativa della cantica sotto la fattispecie di *feritas* musicale che è propriamente espressa mediante il simbolo della *musica diaboli*. A prova di ciò, vediamo di ripercorrere quei passi che ce ne danno miglior conferma.

Ad iniziare con il mitico re di Creta, Minosse, custode e giudice dell'*Inf*., il suono si carica di intensità degenerativa a tal punto che crea non solo una forte impressione visiva, quanto più una tensione fono-psicologica: "Stavvi Minòs orribilmente, e *ringhia:*/essamina le colpe ne l'intrata; giudica e manda secondo c'avvinghia." Il ringhiare di questo mostro carica di gravità acustica tutta la scena che si presenta davanti ai due pellegrini, ma viepiù si delineano precisi connotati sonori anche nella visione totale di quell'atmosfera infernale: "Io venni in loco d'ogne luce muto,/che *mugghia* come fa mar per tempesta,/se da contrari venti è combattuto." Al crescendo degenerativo del suono, alimentato da singole isole tematiche, si accompagna una rispondente descrizione del luogo stesso, carico di rumore bestiale, cioè di un "loco... che mugghia" e che trova un pieno di antimusicalità con "le strida, il compianto, il lamento," delle anime dannate che "bestemmian quivi la virtù divina".

Più avanti ancora vediamo che questa ritmata bestialità è un punto focale per il poeta, per il fatto che lo riprende, lo ritocca e lo rinvigorisce di nuovi coloriti acustici: "Cerbero, fiera crudele e diversa,/con tre gole *caninamente latra*/sovra la gente che quivi è sommersa". Su tale passo, la nostra attenzione deve essere rivolta a due aspetti principali: da un lato abbiamo il mantenimento di una sequenza tematica che è appunto la *progressio* bestiale del suono, confermata da quel "caninamente latra", come pure vediamo, nel ruolo di fruitori del poema, il rivelarsi davanti ai nostri occhi di una metamorfosi sostanzialmente musico-bestiale. Quel Cerbero, fiera crudele e mostruosa, che latra come un cane dalle sue tre gole e messo a guardia del terzo cerchio, è il termine di paragone della preannunciata metamorfosi. Una raffigurazione questa legata al gusto medievale, in veste orrida e grottesca, in armonia col diabolico, è il cerbero dantesco che si rivela come "fiera crudele e diversa". In quest'aggettivo "diversa" è racchiuso il punto della nostra argomentazione. Dalla descrizione di Minosse a quella di Cerbero assistiamo ad un graduale crescendo grottesco volutamente inserito sul piano narrativo per far sì che la struttura antimusicale dell'*Inf.* venga mantenuta e ontologicamente promossa nel suo crescendo degrado. Ma più decisamente per tracciare delle coordinate della metamorfosi del suono. Infatti, si passa da Minosse, figura randagia, ma di sembianze umane, a Cerbero, fiera mostruosa, mezzo cane e mezzo uomo. È proprio questa sua natura "diversa" che ci deve interessare, perché unitamente al ringhiare e al latrare dei due mostri, sequenze foniche di graduale abbrutimento del suono, si aggiunge la sequenza descrittiva dei due custodi in chiave trasformativa; ossia si ha il passaggio dal guardiano con lineamenti umani (Minosse) al guardiano di forma bestiale (Cerbero). Di qui si evince che la degenerazione sonora è coadiuvata puntualmente dalla visiva in vista del mantenimento tematico-strutturale dell'*Inf.* che è appunto un'assenza armonica del suono. L'espediente del rumore animale come evoluzione e degenerazione del suono è un *topos* narrativo più che presente e ben distribuito in tutta la cantica. Infatti, dopo il "caninamente" latrare di Cerbero anche le anime dannate emettono un suono animalesco come un'armonia imitativa del mostro: "*Urlar* li fa la pioggia *come cani*;/ de l'un de' lati fanno a l'altro schermo; volgonsi spesso i miseri profani.". Qui avviene quasi uno scambio tra le qualità canine di Cerbero e quelle umane dei dannati. Questa variabilità tra la bestia e l'uomo è sempre presente nell'*Inf.*, che, al di là del motivo musicale, costituisce anche il suo tono poetico.

L'insistenza dantesca sulla rappresentazione degenerativa del suono con indicazioni bestiali si palesa anche analogicamente, in special modo, nel seguente passo:

> *Qual è quel* cane ch'abbaiando *agogna,*
> *e si racqueta poi che 'l pasto morde,*
> *ché solo a divorarlo intende e pugna,*
> *cotai si fecer quelle facce lorde*
> *de lo demonio Cerbero, che 'ntrona*
> *l'anime sì, ch'esser vorrebber sorde.*
>
> *(Inf. 6.28-33)*

Qui assistiamo alla mancanza di limiti e di proporzionalità acustiche causate dall'assordante trifonico latrare di Cerbero, che in pieno si prefigge la punizione dell'udito di quelle anime perse. Una simile sensazione, anche se di diversa intensità timbrica, ce la dà la voce stridente di Pluto: "*Pape Sàtan, pape Sàtan aleppe!*'/cominciò Pluto con la voce chioccia;". La sua è una voce rauca, assordante, un gridare per incutere paura a Dante, non tanto per il contenuto del suo linguaggio, ma per l'urlo in se stesso, che mantiene il tema di fondo del suono corrotto riverberandosi per tutto il canto. Così, anche il primo verso di questo settimo canto: "*Pape Sàtan, pape Sàtan aleppe!*'" è indizio esemplare della espressività del motivo corrotto del suono per effetto di un linguaggio bizzarro, asemantico, volutamente incomprensibile e demoniaco. Il verso esprime anche il valore di quella sua unità espressiva originale esercitata dall'aderenza tra *signa* e *res*. Qui le caratteristiche morfo-acustiche del verso si fondono con la cosa o l'oggetto della significazione al punto tale che la classica definizione: *nomina sunt consequentia rerum* è conservata inalterabilmente come unità dell'incomprensibile e unità di suono negato per mezzo della mancanza di significato e della non musicalità di tutto il verso. Ed è proprio questa la *constructio* poetica che Dante usa e, tra l'altro, ce ne dà prova anche nel *D.V.E.*:

> *Hoc equidem signum est ipsum subiectum nobile*
> *de quo loquimur: nam sensuale quid est in quantum*
> *sonus est; rationale vero in quantum aliquid*
> *significare videtur ad placitum.*

(1.3.3)

[Ecco, è questo segno quel nobile fondamento di cui parliamo: fenomeno sensibile in quanto è suono; fenomeno razionale in quanto ciò che significa, lo significa evidentemente a nostro arbitrio.]

Proposta del suono negato è anche l'ideazione stessa del verso: "*Pape Sàtan, pape Sàtan aleppe!*' " che chiama in causa il metodo della *constructio verborum* dantesca. E sempre nel suo trattato filologico, Dante ci ricorda che esprimersi poeticamente significa esprimersi secondo regole: "*Est enim sciendum quod constructionem vocamus regulatam compaginem dictionum*" (Bisogna in effetti sapere che chiamiamo costrutto un insieme organico di parole unite secondo regole; 2.6.2). Ora, tra queste regole di cui il poeta parla, la scelta delle parole è un dato di primaria importanza, perché le parole che si uniscono nel costrutto poetico (secondo regole) richiedono una scelta che si basi sulla natura del vocabolo. Una natura che abbia i requisiti di compatibilità con gli altri vocaboli, che crei omofonia nel discorso poetico, che costruisca un microcosmo e un macrocosmo della parola. Ma qui, quell'ordine universale di cui Beatrice si fa vate, cioè che: "...Le cose tutte quante/hanno ordine tra loro, e questo è forma/che l'universo a Dio fa simigliante. (*Par.* 1.103-05), parimenti al discorso del poeta stesso espresso nel *D.V.E.*, è assente". La forma che dà l'essenza alle cose e, quindi, che rende l'universo simile a Dio, secondo la concezione scolastica, si svuota di contenuto.[99]

Nella scelta delle parole, per Dante, le più adatte sono quelle che lui chiama *pexa* e *yrsuta*, cioè pettinate e villose. Invece, per quanto riguarda quelle da evitare, oltre a vocaboli *muliebria* (femminei) e *silvestria* (boscherecci), sono i *puerilia* (puerili). Nella lista delle parole puerili che Dante ci dà, si trova anche la parola *pate*. Le caratteristiche fono-semantiche di tale termine sono molto vicine a quel *pape* messo in bocca a Pluto. Poi per non parlare della storpiatura morfologica dell'*aleppe* in fine di verso. Tutto questo costituisce evidenza testuale che arricchisce la percezione dell'antisonorità della cantica. Infatti possiamo considerare tutto il verso come violazione delle regole della *constructio poetica* dataci nel *D.V.E.*; e il verso deve essere interpretato come realtà di linguaggio negato nella sua fase di sviluppo. Proprio come un bambino che incomincia a parlare aiutandosi più che può, ma con difficoltà articolatorie.[100] Un bambino prova a ripetere suoni familiari per farsi capire, ma il suo parlare è disarticolato, emette solo dei gemiti che sono privi di significato, perché il codice della comunicazione è assente. Così è Pluto, la personificazione del linguaggio incompreso, con la sua "voce chioccia" che grida ma non significa, urla ma non parla. Allo stesso modo si presenta pure il carattere acustico del verso che relega il dio pagano al dramma di un suono mancato e di una lingua negata.

Da un punto di vista più tecnico dell'*ars*, il verso: '*Pape Satàn, pape Satàn aleppe!*' è stato chiosato anche da Clemente Terni, secondo il quale il suddetto verso costituisce un'azione "melodissacratoria" che:

...è talmente violenta che lo stesso equilibrio
medievale dell'armonia celeste e dell'armonia
infernale a specchio--si pensi al frontespizio
*dell'*Evangelario di Uta*--sembra esserne scosso.*
C'è in questa operazione qualche cosa di sovvertente, di
devastante che conserva però un suo ordine di base;
si tratta di una espressione musicalmente 'dura',
'aspra', e razionalmente confusa. Il fa - si *(ossia,*
si noti bene, il diabulus in musica*), è presente*
nella diabolica nenia e anche nel supposto esacordo
generatore: la Si, *(do)* re mi Fa *oppure:* re mi Fa
(sol) la Si. *L'assenza del* do e del sol *impedisce la*
realizzazione della linea Si Fa Do, *simbolo di*
resurrezione e di vita, e mutila il giro
pitagorico delle quinte: re - la - mi - si - fa - do
sol, *limitandolo a* re - la - mi - si - fa; *il*
fenomeno pone in rilievo, simbolicamente,
lo stato di tenebra e di sconfitta.
Anche i rapporti numerico-armonici presenti
devono essere interpretati in senso 'negativo'.[101]

In tutto il canto si avverte inoltre la presenza di modali contrassegni acustici che interagiscono tra rime aspre e silenzi, tra imbecillità sonora di chi ne è guardiano e ridondanza dell' "ontoso metro" di chi vi è condannato a scontare le pene in eterno.

Mantenimento di questo motivo narrativo, generalmente parlando, sono anche i versi[102] che non si sciolgono elegantemente e con terminazioni musicali, ma si irrigidiscono con tagli acustici duri e assordanti, che, a completarne il loro paesaggio sonoro vediamo intervenire la rima con parole come: "chioccia/noccia", "urli/burli", "guerci/ferci", "sozzi/cozzi", "zuffa/buffa", "strozza/ingozza" e via di seguito. Specialmente quelle rime che contengono la zeta, si presentano come moniti al nostro campo sonoro e ci invitano ad effettuare delle riflessioni estetiche sul suono. Infatti Dante considera la *z* lettera rigida, aspra (specialmente nella sua forma geminata) e perciò è da evitarsi sempre nella scelta del lessico della *constructio* poetica. Una puntualizzazione sull'asprezza della *z*, Dante la indica quando si sofferma a parlare del dialetto genovese che detiene appunto, come peculiarità linguistica, un'esuberante presenza della *z*:

...hoc solum in mente premat, quod si per oblivionem
Ianuenses ammicterent z licteram, vel mutire
totaliter eos vel novam reparare oporteretloquelam.
Est enim Z maxima pars eorum locutionis,
que quidem lictera non sine multa rigiditate profertur.

(D.V.E. 1.13.6)

[...basta allora che si metta bene in testa questo, che se i Genovesi a causa di un'amnesia perdessero la lettera z infatti fa la parte del leone nella loro parlata, e si tratta di una lettera che non si può pronunciare senza molta durezza.]

Sempre nel *D.V.E.*, Dante, nel parlare di vocaboli "pettinati", che sono parte attiva del lessico poetico, ci ricorda per una seconda volta che la z (nella sua forma geminata) si deve evitare:

Et pexa vocamus illa que, trisillaba vel vicinissima trisillabitati,
sine aspiratione, sine accentu acuto vel circumflexo, sine z vel x duplicibus,

(2.7.5).

[E definiamo ben pettinati i vocaboli trisillabici o molto vicini alla trisillabicità, senza aspirazione, senza accento acuto o circonflesso, senza le consonanti doppie z e x,].

Se si fa un resoconto di quello che Dante ci dice nel *D.V.E.*, ossia che la scelta del lessico è condizionata da specifici parametri fonologici e che, nell'atto creativo, l'abbinamento delle parole è eseguito secondo certe regole dette propriamente poetiche, ci accorgiamo che Dante le tradisce in pieno (non certamente per ragioni di sbadataggine o di momentanea inavvedutezza), ma per mantenere e promuovere quel motivo narrativo di fondo dell'antimusicalità della prima cantica. Non a caso, nel licenziarsi dal settimo canto, Dante è preso dalla necessità di ricordarci di non perdere mai di vista tale motivo. E questo lo fa in maniera amplificativa e reiterativa. Ciò significa che il poeta allarga il campo d'osservazione di una lingua negata, che è introdotta dalla figura di Pluto. Allo stesso tempo, le anime dannate degli iracondi, in funzione analogica come quella di Pluto, reiterano il motivo dominante della negazione linguistica precedentemente già introdotta dal custode del cerchio con la sua "voce chioccia", e poi del tutto ammutolita dalla perentorietà di Virgilio: " 'Taci maledetto lupo!/consuma dentro te con la tua rabbia.' " Così queste anime iraconde sono veementemente destinate ad abbandonare la loro volontà di dire e di significare, sciogliendosi in una tragica e soffocante tribolazione acustica:

> *Fitti nel limo dicon: "Tristi fummo*
> *ne l'aere dolce che dal sol s'allegra,*
> *portando dentro accidïoso fummo:*
> *or ci attristiam ne la belletta negra".*
> *Quest'inno si gorgoglian ne la strozza,*
> *ché dir nol posson con parola integra".*
>
> *(Inf. 7.121-26)*

La mancanza di "parola integra", oltre ad essere manifesta negazione di "loquela intera", è anche prova di *musica diaboli*.

Così, per tutta la cantica, avvertiamo risonanze di una prorompente vitalità acustica che, tutte quante messe insieme, costituiscono lo sviluppo tematico e strutturale dell'antimusicalità del paesaggio infernale. Infatti, i luoghi comuni successivi che plasmano e mantengono inalterato questo motivo narrativo sono, per esempio, espressioni di "parole maledette", di "sinistro canto", di "fracasso...pien di spavento", di "duri lamenti", di "sospiri dolenti", di "aspre lingue", di "alte strida", di "sconcia novella", di "confuso suon" e così via. Addirittura, Dante sente il bisogno di un richiamo più convincente che metta meglio in enfasi ed amplifichi in forma ironica la continuità di questo motivo:

> *Per l'argine sinistro volta dienno;*
> *ma prima avea ciascuno la lingua stretta*
> *coi denti, verso lor duca, per cenno;*
> *ed elli avea del cul fatto trombetta.*
>
> *(Inf. 21.136-39)*

La "trombetta" di Barbariccia, come ha fatto notare il Sanguineti, sottolinea:

> *...un significato tradizionalmente fondato, anche se*
> *in applicazione novissima, sopra un accertato*
> ridiculum *medievale, l'"obscenus sonus" e il "carmen*
> horridum" della "tuba ventris", della "trombetta"
> *del "cul", per cui basta rinviare, naturalmente, al*
> *capitale escurso del Curtius. Come riassunto*
> *dell'antimusica infernale, comunque, non occorre*
> *cercare altrove, né oltre.*
>
> *(Sanguineti, pp. 209-10)*

Sebbene l'episodio di Barbariccia per il Sanguineti riesca a fissare nitidamente la tappa ultima dell'antimusicalità infernale, è nostro intento
andare oltre tale limite, fino al punto in cui siamo in grado di far qua-
drare la nostra conclusione con il discorso di apertura del presente
studio; cioè che il dosaggio dantesco, formato di precipui timbri acustici
e di un'impalcatura logica di intrecci sonori, riesce a stabilire l'unità
narrativa della cantica che si profila come macrosequenza antimusicale
e che l'*Inf.* è, prima che un paesaggio visivo, un paesaggio sonoro. A
ricomporre questo schema sono quei *topoi* specifici che Dante mette
proprio alla fine, dove l'esperienza ultima di questo regno infernale,
cioè quella di stare faccia a faccia con Lucifero, prima che "farà l'occhio la risposta", si materializza quale forma di sonorità deviante. Di
fatto, anche in questa istanza si ha una preminenza del sonoro sul visivo
con l'*incipit* del famoso inno di Venanzio Fortunato: "*Vexilla regis
prodeunt*". Ma attenzione, l'inno sacro subisce un capovolgimento a:
"*Vexilla regis prodeunt inferni*" proprio per registrare, detto alla Sanguineti:

> ...*Il 'crucis mysterium', che quel canto della*
> *Passione originariamente evoca, 'quo carne*
> *carnis conditor/suspensus est patibulo', si*
> *rovescia, ma nell'evocazione puramente verbale del*
> *testo liturgico, a segnalare il manifestarsi del*
> *Dite antitrinitario, del 'mysterium' del male. E qui*
> *è allora come postulata e come invocata l'esperienza*
> *imminente dei veri canti sacri, ne è come desiderata*
> *la musicale presenza effettiva, in forza di un*
> *richiamo sofisticatamente distorto, che perverte le*
> *insigne sacre di 'quello imperador che là su regna',*
> *declinandole, per la torsione semantica procurata da*
> *una 'paroletta' ribaltante, a significare Belzebù,*
> *'lo 'mperador del doloroso regno'. Che sono due*
> *locuzioni non accidentalmente parallele, che*
> *stringono insieme, per sé, in un nodo oppositivo,*
> *il canto inaugurale e il canto conclusivo dell'*Inferno.

> *(Sanguineti, pp. 211-12)*

Con la chiosatura dell'ultimo *topos* siamo nella posizione di far qua-
drare tutto il discorso musicale di questo regno. E possiamo concludere che nell'*Inf.* non troviamo tracce di quella musica concepita con
artificio e secondo regole pitagoriche, boeziane, o secondo le regole

dettate dalla scolastica o dal poeta stesso. Qui tutto il campo sonoro deve essere interpretato come un pieno di antimusicalità, ma soprattutto come il regno della musica negata. L'*incipit*: *"Vexilla regis prodeunt"* con l'aggiunta di quella parolina *"Inferni"*, come già esaminato sopra dal Sanguineti, capovolge tutta la prospettiva del salmo e ne fa di esso un canto *diaboli*. Ma nella sua diabolicità, non bisogna dimenticare che si pone anche come lo spartiacque tematico della musica. Di fatto proprio in questo punto termina la macrosequenza della musica negata ed ha inizio quella della musica propriamente detta:

> *Luogo è là giù da Belzebù remoto*
> *tanto quanto la tomba si distende,*
> *che non per vista, ma per suono è noto*
> *d'un ruscelletto che quivi discende*
> *per la buca d'un sasso, ch'elli ha roso,*
> *col corso ch'elli avvolge, e poco pende.*
> *Lo duca e io per quel cammino ascoso*
> *intrammo a ritornar nel chiaro mondo;*

(Inf. 34.127-34)

Così, con il risorgere della poesia, appena i due pellegrini entrano nel secondo regno ("Ma qui la morta poesì resurga") risorge anche la musica. Ed è proprio sotto la guida musicale che i due viandanti riescono a compiere il misterioso trapasso ed escono nuovamente, "per un pertugio tondo... a riveder le stelle". La lunga traversata di un mondo lugubre dove tutto è caos, dove i rumori rompono ogni equilibrio sonoro, alla fine viene epurata con il recupero del suono perduto; un suono questo che elimina lo schiamazzo di quel mondo sregolato e ristabilisce l'ordine primigenio di cui Dante era alla ricerca. Questo recupero è in principio riaffermato in forma sensibile e lo percepiamo come termine topico boeziano di *musica instrumentalis*; ma, inizialmente, solo come stimolo interiorizzante di primo livello; cioè Virgilio e Dante, prima di uscire fisicamente "a riveder le stelle", sono guidati solo dalla loro facoltà sensoriale dell'udito. Quel "Luogo...remoto", specifica Dante, "...non per vista, ma per suono è noto" sta ad indicare proprio questo. Ed è ovviamente l'udito, prima di ogni cosa, quella parte che si adopera nella funzione recettiva del suono.

Nel dare un ultimo sguardo alla situazione infernale, possiamo concludere dicendo che la musica è assente o si percepisce come una sen-

sazione di antimusicalità giocata con precisi intenti da parte del poeta.
Inoltre, la contrapposizione netta tra "lamenti feroci" dell'*Inf.* e i "canti"
del *Pur.* è un avvertimento di serietà e importanza inequivocabile, che
separa e delimita la struttura musicale della *Com.* in *musica diaboli* e
musica humana. E il passo del *Pur.* (12.112-14) ce ne dà indiscutibile
conferma: "Ahi quanto son diverse quelle foci/da l'infernali! ché quivi
per canti/s'entra, e là giù per lamenti feroci."[103] Il passo si pone come
ripiegamento critico[104] capace di spiegare e chiarire il discorso sulla
musica toccato altrove dal poeta. Discorso che, ripetiamo ancora una
volta, vede la musica infernale come *feritas* sonora e la purgatoriale
come recupero della dolcezza e dell'ordine perduti. Sono appunto tutti
questi indizi messi insieme che ci permettono di ripristinare e gettare
luce sull'intenzionalità musico-testuale del poeta. E, chiaramente, senza
dimenticare di diventare lettori di "secondo livello", così che, l' "autore
modello" si ricompone con il farsi del discorso poetico della *Com.*.

Poi dobbiamo insistere sull'uso del lessico, e specialmente sul termine "suono" che il poeta adopera come preannunciazione del secondo
regno. In questa istanza "suono" significa recupero di un'armonia perduta in tutto il paesaggio infernale. E solo qui Dante, per mezzo del-
l'udito, ci vuol far notare che la realtà caotica di tutti quei rumori incomincia a riprendere equilibrio e le leggi musicali con le relative consonanze riemergono dopo la caliginosa esperienza del regno di Lucifero.
Come pure la stessa cosa avviene anche nella prima grande branca
musicale boeziana (*musica instrumentalis*), che ritrova i suoi stimoli
articolativi e forza di ripristino della sua primigenia virtù. Questo,
chiaramente, solo dopo che i due poeti riescono a "riveder le stelle" di
quel luogo che ci impegnerà nel prossimo capitolo, il *Pur.*.

CAPITOLO IV

ITINERARIO MUSICALE NEL *PURGATORIO*

> *Per correr miglior acque alza le vele*
> *omai la navicella del mio ingegno,*
> *che lascia dietro a sé mar sì crudele;*
> *e canterò di quel secondo regno*
> *dove l'umano spirito si purga*
> *e di salire al ciel diventa degno.*
> *Ma qui la morta poesì resurga,*
> *o sante Muse, poi che vostro sono;*
> *e qui Calïopè alquanto surga,...*
>
> *(Pur. 1.1-9)*

Dopo aver lasciato "dietro a sé mar si crudele", cioè avendo abbandonato la tetra effige infernale, Dante approda al regno del purgatorio, dove, come lui stesso dice, "l'umano spirito si purga". Con tale preludio, il poeta fissa l'argomento della seconda cantica della *D.C.*. Sebbene la premessa generale del *Pur.* sia quella di un ambiente in cui i peccati vengono espiati, che in effetti ne è il motivo dominante e più immediato, non di meno vi troviamo una disposizione poetico-musicale. Dante, sin dal principio, anche se in maniera non del tutto vagliabile con una lettura spedita del testo, sente il bisogno di avvertire il lettore del fatto che la tessitura testuale è corredata di componenti precise, c'è in gioco il richiamo di elementi armonici motivati dall'uso singolare della lingua. Questa apertura quindi, non è solo l'introduzione tematica più vicina al lettore e di più immediato discernimento, cioè singolarmente improntata sul motivo della purgazione delle anime, ma è viepiù un preciso sfondo dottrinario che già dall'inizio si propone di fissarne le caratteristiche musicali. Questo per la ragione che Dante si propone, come vedremo dai rimandi testuali, di fare principalmente tre cose: purgare l'anima dai peccati, riacquistare la perduta coscienza poetica, intonare di nuovo l'anima con se stessa riportandola allo stato primigenio.[105]

In questo capitolo ci preoccuperemo di gettar luce appunto su tali tematiche e, allo stesso tempo, approntare un discorso che mostri, il meglio possibile nell'ambito delle nostre capacità, come questa tripartita dimensione testuale del *Pur.* sia, a nostro avviso, un inequivocabile fondamento metodologico di gusto prevalentemente medievale atto a pronunciare il discorso di rinascita musicale quale itinerario della *intentio* dantesca.

La dottrina dantesca che primeggia in questa seconda cantica è conseguibile in special modo mediante i tre punti appena citati; cioè con la purgazione delle anime, che tra l'altro è anche evidente allusione emendativa e purgazione del disordine; con la rinascita poetica come necessità itinerale, mezzo indispensabile, coloratura del pensiero dantesco che abbraccia precisi canoni metrici, ritmici, musicali; con il ripristino del suono come precisa realizzazione armonico-musicale, gesto temperato e raccolto, parte integrante del disegno poetico della *Com..* Per capire il pensiero dantesco, specialmente quando egli dice: "Ma qui la morta poesì resurga," si deve passare per un attimo al *D.V.E.*, e precisamente a quel passo in cui dà la definizione di poesia e che egli chiama: "fictio rethorica musicaque poita", cioè "invenzione poeticamente espressa secondo retorica e musica" (*D.V.E.* 2.4.2). Ora, per poter afferrare in pieno questa definizione, bisogna procedere per ordine e corroborare il più possibile la *intentio*, senza dubbio polisemica, del poeta inserita nel contesto del passo sopra chiosato.

Ad iniziare con l'interpretazione alla quale tutti i commentari della *Com.* concordemente sembrano convergere, da quelli in latino a quelli in italiano e in inglese, insomma dalla vasta produzione che oggi abbiamo a disposizione, da quelli più convincenti a quelli meno attendibili, o prendendo anche i più bizzarri e senza optare per alcuno di essi, ma allo stesso tempo senza tralasciarne nessuno, siamo certi di una cosa: Dante ci invita ad usare "la navicella del nostro "ingegno e che "prima che vegna la prima vivanda" ci vuole "mostrare come mangiare si dee.". Questa vivanda è un'indiscussa svolta poetica che si manifesta proprio in questa parte proemiale del *Pur.* come netta cesura tematica; e non solo quale cesura tematica, ma anche sotto forma di mutamento poetico-musicale rispetto al primo regno già attraversato. Tale mutamento è il punto amplificativo delle nostre illazioni, che ci porta a ridimensionare il disegno dantesco relativo alla chiosatura: "Ma qui la morta poesì resurga".[106] Come già colto da altri, ma ultimamente, specialmente in chiave musicale, Iannucci interpreta la definizione poetica dantesca di *"fictio rethorica musicaque poita"* come la manifestazione sonora della poesia. E qui, senza dubbio, Iannucci segue la lezione medievale di Cassiodoro e Isidoro di Siviglia ricostruita dal discorso di Strunk.[107] Nelle *Institutiones*,[108] parlando della grammatica e dicendo che essa: " vero est peritia pulchre loquendi ex poetis illustribus auctoribusque collecta; officium eius est sine vitio dictionem prosalem metricamque componere", Cassiodoro, nel contempo, esamina anche la natura delle parole. Egli conclude dicendo che quando esse sono pronunciate da un parlante, si ha, con l'esecuzione articolativa, l'applicazione di effetti musicali e ritmici che contribuiscono alla realizzazione della forza armonica della parola stessa. Infatti la parola per Cassiodoro deve essere intesa come *"Vox articulata"*. Così di seguito anche per la *"littera"* che è *"pars minima vocis articulatae"*. Non diversa è la definizione della *"syllaba"* che *"est comprehensio litterarum, vel unius vocalis enuntiatio, temporum capax."*, ecc.[109] Ma oltre ai requisiti articolativi che una parola deve avere unitamente alle parti che la compongono, si deve notare che, sia per Cassiodoro che per Isidoro di Siviglia, natura intima della *constructio* poetica è la musica. Musica intesa come divisione in tre parti: armonica, ritmica e metrica ("Musicae partes sunt tres: armonica-rithmica-metrica").[110] La parte armonica della musica si preoccupa di distinguere i suoni alti da quelli bassi ("armonica est scientia musica quae decernit in sonis acutum et gravem").[111] La parte ritmica esplora i parametri sonori delle parole messe insieme e vede se certe parole unite con talaltre danno eufonia o cacofonia (rithmica est quae requirit incursionem verborum, utrum bene sonus an male cohaereat").[112] Ed infine la parte metrica si adopera nella determinazione della misura del suono e ne riconosce i vari metri come, per esempio, quello eroico, giambico, elegiaco, ecc. ("metrica est quae mensuram diversorum metrorum probabili ratione cognoscit, ut verbi gratia heroicon, iambicon, heleiacon, et cetera").[113] Tenendo presente la lezione di Cassiodoro e di Isidoro di Siviglia, torniamo al *D.V.E.*, che è il punto di riferimento che Iannucci ha citato inizialmente.

Oltre al passo chiosato da Iannucci circa la definizione dantesca di
poesia, dal quale, come abbiamo visto, emerge anche l'elemento musicale, non dobbiamo mancare di notare la definizione di lingua che
Dante concepisce come: "sensuale quid est, in quantum sonus est; ratio-
nale vero, in quantum aliquid significare videtur ad placitum" (fenomeno sensibile in quanto è suono; fenomeno razionale in quanto ciò
che significa, lo significa evidentemente a nostro arbitrio; *D.V.E.* 1.3.3).
La lingua allora, presa nel suo giusto ed intimo registro di compagine
fonica, prima di ogni altra cosa, è principalmente espressione musicale.
Tali attributi gli vengono conferiti dalla sua intrinseca natura fonica,
dalla sua funzione comunicativa che si concretizza solo in quanto suono
articolato e, infine, dall'aderenza tra suono e immagine della cosa pen-
sata. È questa una lezione agostiniana che nel pensare ad una lingua
perfetta, vede che i segni "non sono parole ma le cose stesse, così che
il mondo appare...come un libro scritto dal dito di Dio".[114] Arrivati a
questo punto e attingendo dalle varie fonti testuali, principali e secondarie, siamo nella posizione di stabilire che "la morta poesì resurga"
significa, oltre alla indiscussa purgazione delle anime e rinascita della
poesia, anche purgazione sonora e riaccordo dell'anima con se stessa
attraverso tutto lo sfondo tematico-narrativo del *Pur.*.

Anche nel *Pur.*, come già abbiamo avuto modo di vedere nell'*Inf.*,
la luce-sole gioca ruoli di forti risonanze musicali. Nel proemio della
prima cantica il "sol tace"; qui, in antitesi ad essa, il sole illumina, ridà
alle cose il loro colore vergine, naturale, illeso. Il sole introduce l'alba
come forza redentrice delle anime, come vigore di un ritorno poetico
impegnato e serio, come trapasso del rumore e ritrovamento del suono.
È proprio qui che inizia la ricerca di quella "forma che l'universo a
Dio fa simigliante", di quell' "ordine" delle "cose" che tutte hanno...
tra loro". Ma prima di arrivare a comprendere la forma musicale di
Dio, che è *musica mundana* nell'accezione boeziana, bisogna ridare
dimensione prima a quella *humana*. Per far sì che l'anima umana possa
raggiungere tale traguardo, è necessario che nel *Pur.* si ricerchi quel
fattore terapeutico capace di ripristinarne l'armonia spirituale. Il procedimento è graduale e solo dopo aver conosciuto tutto "quel secondo
regno/dove l'umano spirto si purga", l'armonia delle singole anime, lo
spirito armonico di ciascuna di esse, "di salire al ciel diventa degno".

Per il riacquisto della primigenia armonia perduta in quella "selva oscura" del peccato e dell'antimusicalità, elemento topico ed espediente terapeutico è il canto.

In contrapposizione all'*Inf.*, che si entra con "lamenti feroci", nel *Pur.* "son diverse...[le] foci" e "quivi per canti s'entra". Infatti, le anime purgatoriali, approdano alle foci del regno in schiera raccolta e intonando la melodia del salmo CXIII:

> `In exitu Israel de Aegypto'
> *cantavan tutti insieme ad una voce*
> *con quanto di quel salmo è poscia scripto.*
> *Poi fece il segno lor di santa croce;*
> *ond'ei si gittar tutti in su la piaggia:*
> *ed el sen gì, come venne, veloce.*
> *La turba che rimase lì, selvaggia*
> *parea del loco, rimirando intorno*
> *come colui che nove cose assaggia.*
>
> *(Pur. 2.46-54)*

Circa la fonte liturgica del salmo e il suo uso da parte di Dante, in questo preciso punto del *Purg.*, sia A. E. Wingell che Iannucci hanno prodotto preziose interpretazioni.[115] Per capire meglio le varie argomentazioni avanzate dai due studiosi, in forma sintetica, cerchiamo di ripercorrerne i punti salienti. Una prima osservazione che Wingell fa sul salmo 113 riguarda l'uso. Per lo studioso, Dante usa tale salmo in circostanze piuttosto insolite. La sua osservazione nasce dal presupposto che nella salmodia cristiana, seguendo l'ordine fissato dalla tradizione e come anche riportato nel *Liber usualis*, In exitu Israel de Aegypto è l'ultimo salmo in ordine sequenziale del gruppo del Vespero.[116] Infatti la salmodia del Vespero, per 'La domenica di Pasqua, come ogni domenica dell'anno', cominciava con il *Salmo 109, Dixit Dominus*. Poi seguivano: 110, *Confitebor*; 111, *Beatus vir*; 112, *Laudate pueri*; 113, *In exitu Israel de Aegypto*. La prima domanda che si pone Wingell è: perché Dante usa un salmo tradizionalmente salmodiato al Vespero se nell'antipurgatorio ci si trova allo spuntar dell'alba? Con la seconda domanda si chiede: come investono il tempo le anime "della nave celeste...durante il miracoloso viaggio da Ostia alla spiaggia del purgatorio?". Iniziando a rispondere dalla seconda domanda, Wingell dice che nel corso del viaggio, il tempo viene trascorso cantando i cinque salmi summenzionati e terminando appunto con il 113. D'altro canto, risposta attendibile alla prima domanda, cioè perché Dante usi un salmo tradizionalmente cantato al Vespero allo spuntar dell'alba, secondo Wingell, è che il poeta, a questo punto, utilizza una reminiscenza agostiniana che vede la domenica di Pasqua come il giorno della svolta della settimana; il giorno in cui regna 'la pace del riposo, la pace del Sabbath, la pace che non ha sera'.[117] In questo caso, l'uso, che all'inizio sembrava insolito, viene chiarito con la chiosa agostiniana nel vedere il giorno come unità e fissità atemporale diurna. Ma se così stanno le cose, Dante poteva usare un qualsiasi salmo e non necessariamente il 113. Allora la scelta di *In exitu Israel de Aegypto* è puramente casuale o c'è una ragione più profonda? Considerando la *forma mentis* dantesca, possiamo dire che c'è senz'altro una ragione più profonda ed essa è che la qualità polisemica del salmo 113 ci indirizza verso una giusta prospettiva ermeneutica della cantica; e non solo della cantica del *Pur.*, ma della *Com.* tutta. A convalidare questa posizione polisemica, o di quattro livelli di interpretazione, è la citazione che Dante stesso fa del salmo 113 nella lettera a Can Grande della Scala:

> *In exitu Israel de Egipto, domus Iacob depopulo barbaro,*
> *facta est Iudea sanctificatio eius, Israel potestas eius".*
> *Nam si ad litteram solam inspiciamus, significatur nobis exitus filiorum*
> *Israel de Egipto, tempore Moysis, si ad allegoriam,*
> *nobis significatur nostra redemptio facta per*
> *Christum; si ad moralem sensum, significatur nobis*
> *conversio anime de luctu et miseria peccati ad*
> *statum gratie; si ad anagogicum, significatur exitus*
> *anime sancte ab huius corruptionis servitute ad*
> *eterne glorie libertatem. Et quanquam isti sensus*
> *mistici variis appellentur nominibus, generaliter*
> *omnes dici possunt allegorici, cum sint a litterali*
> *sive historiali diversi. Nam allegoria dicitur ab*
> *`alleon' grece, quod in latinum dicitur `alienum', sive `diversum'.*

["Allorché dall'Egitto uscì Israele, e la casa di Giacobbe (si partì) da un popolo barbaro; la nazione giudea venne consacrata a Dio; e dominio di Lui venne ad essere Israele". Infatti se guardiamo alla sola lettera del testo, il significato è che i figli di Israele uscirono d'Egitto, al tempo di Mosè; se guardiamo all'allegoria, il significato è che noi siamo stati redenti da Cristo; se guardiamo al significato morale, il senso è che l'anima passa dalle tenebre e dall'infelicità del peccato allo stato di grazia; se guardiamo al significato anagogico, il senso è che l'anima santificata esce dalla schiavitù della presente corruzione terrena alla libertà dell'eterna gloria. E benché questi significati siano definiti con diversi nomi, generalmente si possono tutti definire allegorici, in quanto si differenziano dal significato letterale ossia storico. Infatti la parola allegoria deriva dal greco 'alleon' che è reso in latino con 'alienum' ossia 'diverso'].[118]

Il segno del `diverso', in Dante, oltre ad essere espressione dei precisi livelli di significazione da lui stesso menzionati, è anche il trapasso di tale limite. Tutto questo per il fatto che per una mente medievale come quella dantesca, 'diverso' è anche quella cosa che riesce, nel corso di tutta la *Com.*, a sviluppare una chiara struttura narrativa; ma più precisamente è quell'elemento oggettivante capace di ridurre il tutto ad un'unità strutturale mediante un prestabilito processo di sequenzialità sonora. Sequenzialità di tale processo è appunto la musica perché, specialmente ad iniziare con il *Pur.*, sono molti e nitidi i nuclei tematici relativi alla musica che, per la posizione che occupano nella cantica, ne emendano e amplificano la *progressio* itinerale. Ma per poterne ricostruire questa sistematica sequenzialità, andiamo ad esaminare più da vicino quei luoghi che ce ne danno meglio conferma e ne chiariscono le qualità espressive.

Sempre rimanendo nell'ambito del primo canto del *Pur.*, e riprendendo il passo in cui Dante dice: "o sante Muse, poi che vostro sono; \e qui Calïopè alquato surga," al di là di una metaforica sublimazione poetica, è, per virtù intrinseca della poesia stessa (fabricatio verborum armonizatorum), discorso musicale. Poesia per Dante, e abbiamo avuto modo di constatarlo già altrove, è anche: "fictio rethorica musicaque poita" (invenzione poeticamente espressa secondo retorica e musica). Se badiamo alle parole "Muse" e "Calïopè", e all'uso traslato che il poeta attribuisce loro, ci accorgiamo che rispondono ad un valore prettamente musicale nell'ambito del testo. La musa Calliope, a parte la sua fonte di indubbia reminiscenza virgiliana: "Vos, o Calliope, precor, adspirate canenti",[119] come pure di reminiscenza ovidiana: " Surgit, et immissos hedera colecta capillos Calliope querulas praetentat pollice chordas",[120] "era per gli antichi l'ispiratrice dell'epica; ma secondo i lessici medievali, era considerata la musa *dalla bella voce*, qui opportunamente invocata per la serenità del nuovo canto del poeta, risorto a nuova vita."[121] La stessa cosa vale anche per la parola "Muse", che è principalmente un connotato musicale. Infatti stando a quello che Cassiodoro dice nelle *Institutiones* 2.5, la musica, citando Clemente di Alessandria, iniziò con le muse. La musica ha la sua etimologia nella parola "musa", e, detto alla Giacalone, musa è la dea *"dalla bella voce"*. Nel Medioevo, l'origine della musica considerata sotto questa ottica era largamente accettata tra gli intellettuali, al punto tale che entrò a far parte della loro tradizione culturale. Una tradizione dalla quale Dante, figlio di quell'evo, ne aveva assorbito la lezione per intero, e il suo riferimento a "Calïopè" e "Muse" mira a riorganizzare le disperse presenze musicali in un sistema ordinato di sequenze tematiche e attraverso l'uso, come si dà il caso summenzionato, di traslati poetici. Le presenze musicali balzano fuori mediante l'innalzamento della *"constructionis vocabulorum"*, o semplicemente per l'elevazione del tono poetico.[122] Con questo assistiamo, come è stato già notato da Iannucci, ad un duplice risveglio, cioè di "retorica e musica", di poesia e suono. Ma data l'importanza del discorso di Iannucci, citiamone il passo per intero:

> *L'apparizione di Venere ("lo bel pianeto che*
> *d'amar conforta"; vv. 19-21) nel cielo del mattino*
> *sopra il monte del purgatorio è un ulteriore*
> *dettaglio significativo. Nel Conv. (II,xiii)*
> *Dante accoppia ognuno dei sette pianeti con una*
> *delle sette arti liberali. Marte è associato alla*
> *Musica; Venere invece è collegato alla retorica: "lo*
> *ciel di Venere si può comparare a la Rettorica"*
> *(II,xiii, 13-14).*
> *Sotto questa luce, la presenza di*
> *Venere può indicare qui un recupero della retorica,*
> *una retorica adatta a uno stile più alto, scelta per*
> *cantare l'amore, la virtù, la salvezza. Se nel*
> *primo canto del* Purgatorio *Dante recupera la poesia*
> *nel suo duplice aspetto di retorica e di musica, nel*
> *canto successivo recupera la musica, la vera musica*
> *assente sino a questo momento.*
>
> *(Iannucci, "Musica e ordine", pp. 97-98)*

Con l'apertura del secondo canto si ha un preludio musicale riferito a tutto il regno e la presenza di Marte è figura solenne e totalizzante che ne fissa la cornice tematica dell'episodio. Essa è cornice musicale prima di ogni altra cosa poiché il pianeta è essenzialmente metafora musicale. Anche se non letteralmente fruibile quale dato musicale, sul piano di un discorso traslato, il canto è essenzialmente musicale. Ad iniziare già dal commento del Daniello (1568), vediamo che il pianeta Marte del canto due del *Pur.* è paragonato a quel Marte che Dante descrive in *Conv.* 2.13.21.[123] ma il paragone, che concordemente i vari commentatori dopo il Daniello hanno fatto, è limitato alle caratteristiche astrologiche del pianeta in funzione dello spuntar del giorno.[124] Più convincenti e complete sono le interpretazioni del Momigliano e del Giacalone, che ambedue vedono nella presenza di Marte l'attributo della musica:

> *Espressione di questo stato d'animo è la musica, qui*
> *non sottolineata nei suoi effetti, ma rappresentata*
> *come coronamento della scena: il motivo, con la*
> *solita intima armonia delle composizioni dantesche,*
> *sarà ripreso e sviluppato nella scena di Casella.*
>
> *(Momigliano, 1946)*

Molto incisiva è l'osservazione del Giacalone che allo stesso tempo completa e avvicina la presenza di Marte di *Pur.* 2 a quella di *Conv.* 2.13.20-24: "Nel pianeta di Marte è come un preludio al tema poetico della musica che sarà svolto nel canto, secondo quanto Dante afferma nel *Conv.* 2.13.20-24".[125] Un passo in avanti preso in questa direzione e di prezioso supporto al nostro studio è l'affermazione di Iannucci che, proprio qui, relativamente al verso 14, dice che l'interpretazione non deve essere volta solo ad analizzare la *musica instrumentalis*; ma, visto che *Pur.* 2 è il luogo cruciale per la "struttura allegorica del poema", la musica è espressione della sua dimensione totalizzante concepita sui tre livelli boeziani: *musica instrumentalis*, *musica humana* e *musica mundana*.[126] In effetti, proprio con il canto due riusciamo a percepire, sebbene in forma sinottica, il quadro descrittivo e integrale della musica dantesca. Ma attenzione, il quadro è solo descrittivo e non reale nella sua interezza. Questo per il fatto che la musica è in corso di svolgimento, e se mi si consente un'espressione singletoniana, la musica è ancora *in via* e non già *in porto*. Essa deve ancora compiere tutto un processo di sviluppo e di trasformazione prima che si possa definirla compiuta e, quindi, arrivata al suo traguardo ultimo. Deve essere sottoposta a molte peripezie, accelerazioni, ritardi imprevedibili, ma immancabilmente necessari, per la compiutezza della sua tessitura strutturale,

fino al punto che tutte le singole componenti formino un nesso armonico con l'esperienza musicale e con la *progressio* itinerale del poema.
Se intendiamo la musica quale elemento predominante nella formazione della struttura e dell'allegoria del poema, non possiamo non con-
siderarla espressa che in questi termini. Talvolta succede che, dalla sua
comune funzione (di sfondo narrativo), scende in primo piano nei tratti
episodici che di canto in canto emergono e si rivelano al lettore nella
loro dinamica discorsiva. Infatti, alcuni canti della *Com.* costituiscono
veri e propri episodi musicali.

A titolo d'esempio prendiamo il canto due del *Pur.* Qui la musica
scende a rivestire principalmente una funzione episodica. *Pur.* II è
stato considerato, per la maggior parte della critica dantesca, il canto di
Casella, poiché il musico fiorentino della seconda metà del '200 ne è la
figura centrale. La critica dantesca ha dedicato molte pagine a tale personaggio, ma gli esiti prodotti sono sostanzialmente due: "Un gruppo
di commentatori tende a minimizzare la severità del rimprovero di
Catone ai pellegrini, ... L'altro gruppo ribatte che il canto di Casella è
una `vana dilettazione', anzi una 'tentazione' ".[127] Dei due punti di vista
citati, noi optiamo per il secondo con una variazione di prospettiva e
gettando nuova luce sull'episodio che, in sostanza, riteniamo principalmente musicale. Uno spostamento sul piano critico è stato già intra-
preso da Iannucci che legge l'episodio di Casella sulla falsariga della
"teoria musicale del Medioevo". Questa nuova interpretazione, secondo
Iannucci, è un punto di riferimento che ci invita a considerare con
serietà non solo la *Consolazione della filosofia* e il *Conv.*, che sono più
comunemente avvicinati all'episodio di Casella, ma anche due altri testi
che la critica dantesca ha largamente ignorati: il *D.V.E.* e il *De mus.*[128]
La conviviale canzone, "*Amore che ne la mente mi ragiona*", si trova
anche nel trattato filologico dantesco e Iannucci suggerisce che, nel
D.V.E., rappresenti "una teoria estetica" che vuole, appunto, nel canto
due del *Pur.*, presentare proprio un ripristino estetico della poesia e, nel
contempo, richiamare in causa tutta una concezione tomistica relativa
alla musica ed emendarla allo stesso tempo. Tutto questo significa che
Dante deve correggere il "concetto tomistico...secondo cui è la forma
che rende perfetta un'opera d'arte, che può essere quindi bella senza
essere (eticamente) positiva. Per questo motivo San Tommaso d'Aquino
definisce la poesia 'infima inter omnes doctrinas', quella che contiene

'minumum veritatis'[129]. Contrariamente a quanto dice San Tommaso, per Dante:

> *La sua nuova poesia comporta una dimensione etica e*
> *deve produrre non un effetto statico, come avrebbe*
> *voluto l'estetica tomistica, ma cinetico. La sua*
> *funzione è quella di dirigere la volontà verso Dio,*
> *non di trattenerla nella contemplazione della bellezza di per se stessa*
> *(Iannucci, "Musica e ordine", p. 109).*

A questo punto è chiaro che il canto di Casella assume le funzioni dell'estetica tomistica perché tende a produrre "un effetto statico" sulle anime e sul poeta stesso, compreso la sua guida. Solo attraverso il rimprovero di Catone i viandanti si ridestano:

> *...Che è ciò spiriti lenti?*
> *qual negligenza, qual stare è questo?*
> *Correte al monte a spogliarvi lo scoglio*
> *ch'esser non lascia a voi Dio manifesto.*
>
> *(Pur. 2.120-23)*

Peraltro, il richiamo dell'uticense serve a dare alle anime, come pure a Dante e a Virgilio, una forza di ridestamento per ripristinare quell' "effetto cinetico" dell'estetica dantesca di cui parla Iannucci. Tale richiamo è monito e risveglio della coscienza etica, così delicatamente custodita dal poeta, poiché è la forza portante mediante la quale fa ripartire, ridà movimento in avanti al suo *itinerarium*.

Il *De mus.*, anch'esso interviene qui a completare il disegno itinerale e la forma episodica del canto. Episodicamente vediamo in azione la *musica instrumentalis* e la *musica humana*. Oggetto della musica *instrumentalis* è il canto di Casella stesso che si rivela come manifestazione sonora su quelle anime che l'ascoltano. Nell'atto d'ascolto, le anime mettono in azione quella qualità musicale intrinseca ad ogni essere umano che Boezio definisce *musica humana*. Nel punto preciso in cui Dante e la sua magnanima guida incontrano Casella, la situazione delle anime ivi trovate, relativamente allo stato musicale, è ancora scordata; il livello di massima perfezione sonora, che è il punto di mediazione tra l'umano e il divino, è ancora molto lontano; così anche l'anima ancora non riesce a trovare la giusta rispondenza desiderata. Il poeta stesso, vivendo in prima persona tutte le peripezie del suo viaggio, ci dà conferma di questo particolare:

> *Noi eravam lunghesso mare ancora,*
> *come gente che pensa a suo cammino,*
> *che* va *col cuore e col corpo dimora.*

> *(Pur. 2.10-12)*

Il contrasto tra i due verbi "va" e "dimora" indica uno stato di incertezza del poeta, uno stato di smarrimento che rende inerte e sbiadita la progressione del viaggio. Iannucci ha interpretato molto elegantemente l'ultimo verso del passo sopra citato; qui vale la pena riportarlo per intero, perché include anche l'interpretazione musicale di Casella:

> *L'ultimo verso evidenzia i due opposti movimenti su*
> *cui è costruito l'intero episodio: il procedere*
> *avanti - 'che va col cuore', musicalmente espresso*
> *col salmo 113 -e l'indugiare- 'che...col corpo*
> *dimora', espresso nella canzone di Casella.*
> *L'elenco dei verbi e degli avverbi presenti*
> *nell'episodio, nonché la loro frequenza può*
> *verificare che il conflitto tra corpo e anima sta al*
> *centro dell'episodio. 'Ire' e 'arrestare' sono i*
> *limiti verbali dello scontro. Le anime, prive del*
> *corpo, sono affascinate dalla presenza corporea del*
> *pellegrino (vv.67-75) al punto da rimanere immobili,*
> *'quasi obliando d'ire a farsi belle' (v.75). Una di loro,*
> *quella di Casella, tenta addirittura di abbracciare,*
> *ma inutilmente (vv.76-87), il corpo del suo amico.*
> *Sembra che quindi vi sia uno stretto legame tra*
> *lo stato delle anime (*musica humana*) e il loro canto*
> *(musica instrumentalis);*

> *(Iannucci, "Musica e ordine", p. 106).*

Nell'episodio è presente anche l'effetto nozionistico del *De mus.* per il fatto che ci invita a riflettere sull'episodio di Casella con la sua intonazione di "*Amor che ne la mente mi ragiona*" e lo stato delle anime, compreso Dante quale *homo viator.* Questo perché nella canzone intonata da Casella si concretizza la *musica instrumentalis* che produce tempestivamente effetti quasi ipnotici sulle anime purgatoriali e, quindi, chiarisce anche lo stato della *musica humana.*[130] ("Musica e ordine" 106). La canzone che intona Casella è musica profana e le anime non sono ancora in grado di purgarsi dai loro peccati. Questo punto sembra essere palinodico e allo stesso tempo si pone come il nodo critico della struttura musicale del poema. Sciogliere questo nodo vuol dire aver individuato il luogo che segna il ritardo itinerale e nel contempo il suo movimento in avanti, esso è regressione e progressione allo stesso tempo. Lì per lì potrebbe sembrare una contraddizione, ma in sostanza esprime la dinamica vera della visione salvifica del poeta. Per meglio chiarire questo discorso, ci avvaliamo di un esempio pratico. Se l'allegoria della *Com.*, nei suoi tratti più distintivi, è intesa come il viaggio dell'anima alla ricerca della sua patria celeste, la musica, d'altro canto, ne è il suo specchio itinerale più intimo. Il divenire dell'anima è anche un divenire della musica; la trasformazione *in bono* che l'anima subisce, non è altro che una trasformazione *in bono* della musica stessa, perché sia l'anima che la musica costituiscono un nesso inscindibile nella loro essenza. Questo particolare può difficilmente scappare a un lettore accorto della *Com.*. E vediamone il perché.

Nella scena proemiale dell'*Inf.*, non appena il poeta esce dalla "selva oscura" e si concede un momento di sosta e di riflessione per voltarsi "retro a rimirar lo passo", si rimette nuovamente in cammino per "la piaggia diserta". Dall'uscita della selva alla ripresa del suo cammino, nel movimento del viandante, c'è qualcosa che non va:

> *Poi ch'èi posato un poco il corpo lasso,*
> *ripresi via per la piaggia diserta,*
> *sì che 'l piè fermo sempre era 'l più basso.*
> *(Inf. 1.28-30)*

Qui è proprio quel "piè fermo" che "sempre era 'l più basso" ad interessarci. E' questo un passo così discusso nei tanti anni di critica dantesca. Ma dalle variegate ed opposte interpretazioni che possediamo in merito alla summenzionata terzina, riteniamo quella di Freccero essere la più convincente.[131] Egli in sostanza dice che, sebbene il pellegrino, sebbene mostri un aspetto fisico di *"homo claudus"*, cioè di uomo zoppo, il problema si riferisce all'anima e, quindi, al mal funzionamento delle parti che la costituiscono; si dà allora il caso di una possibile anima zoppicante.[132] Anima zoppicante non nella sua comune accezione, ma come mancanza di armonia con se stessa che non permette al pellegrino di procedere nel suo viaggio. Qui si riscontra una mancanza di armonia tra l'*intellectus* e l'*affectus*, i due elementi principali dell'anima umana.[133] Importante ripetere è anche quello che Freccero sostiene nel suo ragionamento, cioè che il "piè fermo" non significa "foot upon which most of the body's weight is resting" (piede sul quale gran parte del peso del corpo ricade) come vuole la maggior parte dei critici (da Boccaccio fino ai nostri giorni). Ma il "piè fermo" è espressione metaforica di quell'*affectus* che non trova ancora accordo con l'*intellectus*.[134] I due elementi soffrono di uno scompenso di moto; perciò, dall'azione contraria svolta dall'*intellectus* e dall'*affectus*, risulta una mancanza di armonia dell'anima. Per estensione d'immagine, il movimento opposto dei due elementi è anche motivo che indica la mancanza d'armonia tra il corpo e l'anima. Ciò è vero specialmente se confrontiamo questa scena proemiale dell'*Inf.* con quella di *Pur.* 2.9-12:

> *Noi eravam lunghesso mare ancora,*
> *come gente che pensa a suo cammino,*
> *che va col cuore e col corpo dimora.*

Come si può notare, la funzione discorsiva dei due passi, specialmente sul piano allegorico, è molto simile, sia per le circostanze che per la loro intenzionalità. Infatti, niente è cambiato tra l'inizio dell'*Inf.* e l'inizio del *Pur.*, per quanto riguarda la progressione del viaggio. Dante viandante non ha fatto nessun passo avanti rispetto a quando è uscito dalla "selva oscura". L'unica cosa cambiata è che adesso lui ha piena coscienza del regno dei dannati, ma non ha certamente una coscienza che gli permetta di entrare immediatamente nel regno dei beati. Questo per il fatto che l'*homo claudus* del "piè fermo" viene ripreso e presentato allo stesso modo anche in quell'incertezza della "gente" di *Pur.* 2.12: "che va col cuore e col corpo dimora". Anche qui l'anima è ancora scordata per l'opposto movimento dell'*intellectus* e dell'*affectus*; viepiù è scordata per l'incertezza orientativa tra anima e corpo. La situazione crea un effetto di "inerzia", crea una "tensione tra corpo e anima" che ne impedisce l'accordo.

La metafora dei piedi quale discorso musicale è presente anche in altre parti del *Pur.*. Se osserviamo attentamente come Dante reitera tale motivo narrativo, scopriamo che l'*homo claudus*, pian piano è sanato dal suo male per intervento della purgazione e, nel contempo, elevato sul piano ontologico; ossia innalzato a *homo harmonicus* e, quindi, capace di fruire la *musica mundana*. Il traguardo però è raggiunto solo quando il poeta ha guadagnato la sommità del monte. Prima di allora, egli è pur sempre preso e ingannato da falsi riverberi musicali prodotti dalle anime imperfette. Prima di essere del tutto abile nel distinguere il falso suono da quello vero, deve arrivare "al passo del perdono". Ad informare Dante di questo particolare è Virgilio:

> *'Lo fren vuol esser del contrario suono;*
> *credo che l'udirai, per mio avviso,*
> *prima che giunghi al passo del perdono.'*
>
> *(Pur. 13.40-42)*

Che l'anima ancora non abbia raggiunto l'accordo desiderato secondo il modello di *musica humana* è accertato dalle parole di Virgilio:

> *Or accordiam a tanto invito il piede*
>
> *(Pur.17.61).*

L'andare e il dimorare è anche affermazione della potenza sensitiva e di quella intellettiva. Infatti, se da un lato il salmo 113 (*In exitu Isräel de Aegypto*) significa movimento e progressione itinerale, dall'altro la canzone di Casella significa staticità e momento di incertezza per le anime. Queste due caratteristiche possono essere espresse anche sotto forma di potenze. Il salmo contiene sia la potenza sensitiva che quella intellettiva, mentre la canzone di Casella solo la sensitiva. E visto che contiene solo la potenza sensitiva, "*Amor che ne la mente mi ragiona*" arresta e distoglie le anime dal loro giusto andare. Nel trattato filosofico, Dante parla delle due potenze dell'anima nei seguenti termini:

> *...Onde la potenza vegetativa, per la quale*
> *si vive, è fondamento sopra 'l quale si sente, cioè*
> *vede, ode, gusta, odora e tocca; e questa vegetativa*
> *potenza per sé puote essere anima, sì come vedemo ne*
> *le piante tutte. La sensitiva sanza quella essere*
> *non puote, e non si truova in alcuna cosa che non*
> *viva; e questa sensitiva potenza è fondamento de la*
> *intellettiva, cioè de la ragione: e però ne le cose*
> *animate mortali la ragionativa potenza sanza la*
> *sensitiva non si truova, ma la sensitiva si truova*
> *sanza questa, sì come ne le bestie, ne li uccelli,*
> *ne' pesci e in ogni animale bruto vedemo. E quella*
> *anima che tutte queste potenze comprende, e*
> *perfettissima di tutte l'altre, è l'anima umana, la*
> *quale con la nobilitate de la potenza ultima, cioè*
> *ragione, partecipa de la divina natura a guisa di*
> *sempiterna intelligenzia.*
>
> *(Conv. 3.2.12-14)*[135]

La conviviale canzone, "*Amor che ne la mente mi ragiona*", messa in bocca a Casella, manca proprio di quella "ragionativa potenza" per il fatto che tutte le anime, compresi Virgilio e Dante, si arrestano e ascoltano attentamente il musico fiorentino dimenticando di proseguire nel loro cammino. Il canto di Casella è una forma di musica profana perché non dà forza cinetica alle anime, ma le trattiene; non le incita a seguire la via della salvezza, ma le rende inerti. A disincantarle dalla seduzione del canto, deve intervenire "il veglio onesto" Catone, che richiama tutti e dice:

> ...`Che è ciò, spirti lenti?*
> *qual negligenza, quale stare è questo?*
> *Correte al monte a spogliarvi lo scoglio*
> *ch'esser non lascia a voi Dio manifesto'.*

> *(Pur. 2.120-23)*

Come la canzone di Casella, così anche le anime del purgatorio, a questo punto così cruciale della *Com.*, mancano di quella "potenza ultima" che è, appunto, quella dell'*intellectus*. Stando così le cose, si stabilisce un rapporto situazionale con caratteristiche simili fra la canzone di Casella e le anime. La canzone è profana, per cui non è adatta alle circostanze del luogo secondo la logica della progressione emendativa. Lo stesso è per quella gente, ancora tutta rivolta solo all'*affectus* dell'anima. Ma, relativamente all'episodio, c'è da dire che tutto il quadro scenico non poteva essere diversamente, perché, se altrimenti fosse stato, Dante avrebbe mancato di realismo. Avrebbe mancato di realismo per la ragione che le anime, all'inizio del *Pur.*, non sono ancora liberate dal peso del peccato e, quindi, dalla forza opposta della tentazione, che troviamo appunto nella canzone "*Amor che ne la mente mi ragiona*". Siccome l'anima, a questo preciso punto della *Com.*, può avvalersi solo della forza "sensitiva", essa "*corruptibilis est*" (è corruttibile); infatti è proprio questa la cosa che si verifica in tale circostanza. L'iniziale esperienza salmodica, unica e possibile virtù per il raggiungimento dell'*intellectus animae*, è assecondata dalla melodia di Casella che tenta di trattenere le anime nella iniziale situazione di *Homo corruptibilis*. Il confronto canzone-profana-anima-scordata è presupposto musicale che unisce nel confronto la *musica instrumentalis* errata e la *musica humana* non ancora raggiunta.

"*Amor che ne la mente mi ragiona*" è anche apertura tematica della negligenza del tempo. Apertura che contrasta e si oppone alla legge fondamentale del *Pur.*, che è propriamente la legge del tempo cronologico. Un motivo di rallentamento e di ritardo si evince anche dall'episodio successivo; cioè quell'episodio in cui Dante è tutto dedito ad ascoltare il racconto delle memorie di Manfredi:

> *E però, quando s'ode cosa o vede*
> *che tegna forte a sé l'anima volta,*
> *vassene 'l tempo e l'uom non se n'avvede;*
> *ch'altra potenza è quella che l'ascolta,*
> *e altra è c'ha l'anima intera:*
> *questa è quasi legata e quella è sciolta.*
> *Di ciò ebb'io esperïenza vera,*
> *udendo quello spirto e* ammirando;
> *ché ben cinquanta gradi salito era*
> *lo sole, e io non m'era accorto, quando*
> *venimmo ove quell'anime ad una*
> *gridaro a noi: 'Qui è vostro dimando'.*
>
> *(Pur.4.7-18)*

In tal modo, l'esordio della canzone di Casella viene riconfermato, anche se con lieve differenza, col racconto dello svevo Manfredi. Ma qui, al poeta, la rampogna del "veglio onesto" ancor gli riverbera dentro; ed è per lui motivo di consapevolezza della preziosità del tempo. Dante ancora non possiede quell'*intellectus* necessario per dare totale armonia alla sua anima, ma ne riconosce la sua indispensabile importanza. Questa presa di coscienza nasce dal dato verbale, ossia dal fatto che lui ne parla. A puntualizzarlo è il verso in cui dice: "vassene 'l tempo e l'uom non se n'avvede" (*Purg.* 4.9). Sembra essere addirittura un "episodio parallelo" in cui Dante spiega la funzione del canto di Casella.[136] Fin qui non si è avuto altro che la celebrazione dei sensi, di quella parte corruttibile dell'anima che è l'*affectus*. Ma nella dinamica recettiva, la realtà non può essere espressa diversamente, perché qualsiasi tipo di percezione avviene sempre ed unicamente prima attraverso i sensi. Dante ci dice chiaramente che "...la virtù di tutti quasi corre a lo *spirito sensibile* che riceve lo suono" e non altrove.[137] Nei suoi lineamenti generali, l'antipurgatorio è pieno di motivi di incertezza, di ritardi e sconnessioni musicali, che sono direttamente comparabili alla situazione della *musica instrumentalis* e *musica humana*. Un altro passo che insiste sullo stesso motivo narrativo è anche il seguente:

Li occhi rivolsi al suon di questo motto,
e vidile guardar per maraviglia
pur me, pur me, e 'l lume ch'era rotto.
'Perché l'animo tuo tanto s'impiglia',
disse 'l maestro, 'che l'andare allenti?
che ti fa ciò che quivi si pispiglia?
Vien dietro a me, e lascia dir le genti:
sta come torre ferma, che non crolla
già mai la cima per soffiar di venti;
ché sempre l'omo in cui pensier rampolla
sovra pensier, da se dilunga il segno,
perché la foga l'un de l'altro insolla'.

(Pur. 5.6-18)

Qui Virgilio oltre a svolgere la funzione di guida, diventa anche un secondo Catone per il rimprovero che fa a Dante: 'che l'andare allenti?'. Tale richiamo è reiterativo fino a quando l'anima non è del tutto sciolta dai vincoli del peccato e dal ritardo del dubbio. Ma, pian piano che i pellegrini procedono verso l'ascesa, il peccato si fa sempre più cosciente nell'anima del poeta, fino all'atto della purgazione vera e propria. Questo Dante non lo dice apertamente, ma lo dà a intendere attraverso un'accortezza retorica:

Lettor, tu vedi ben com'io innalzo
la mia matera, e però con più arte
non ti maravigliar s'io la rincalzo.

(Pur. 9.70-72)

Dante apostrofa il lettore proprio in questo punto, perché indica la vera entrata del secondo regno: la porta del purgatorio. Quando dice "Lettor, tu vedi ben com'io innalzo/la mia matera", non significa solo innalzamento del registro linguistico e, quindi, elevazione poetica, ma implicitamente ad essi si ricompone tutto un meditato e organizzato disegno musicale. La realtà musicale fino alla porta del purgatorio è più che altro sperimentazione ideale di un atto d'apprendimento, si mostra quale slancio cosciente delle anime verso il "dolce suono", ma non è ancora oggetto di un empirico processo emendativo. La coscienza della vera *musica humana* è raggiunta, quello che manca, tuttavia, è l'atto pragmatico che la renda degna di tale nome, non solo in virtù dell'idea, ma anche per la sua sostanza. Tutto ciò, chiaramente, avverrà solo quando le sette P saranno tutte cancellate dalla fronte di Dante.[138]

Il limite spaziale che fino a questo punto ha tenuto distinto la musica nella sua fattispecie di coscienza ideale e di azione pratica, davanti alla porta del purgatorio e nel varcarne la soglia, tale limite spaziale scompare e i due momenti attuativi della musica, che potremmo addirittura chiamare *captatio-exsecutio*, si fondono tra di loro. A fusione avvenuta incomincia la vera e propria *emendatio musicae*:

> *E quando fuor ne' cardini distorti*
> *li spigoli di quella regge sacra,*
> *che di metallo son sonanti e forti,*
> *non rugghiò sì né si mostrò sì acra*
> *Tarpëa, come tolto le fu il buono*
> *Metello, per che poi rimase macra.*
> *Io mi rivolsi attento al primo tuono,*
> *e `Te Deum laudamus' mi parea*
> *udire in voce mista al dolce suono.*

(Pur. 9.133-41)

Al contrario dell'interpretazione che Denise Heilbronn[139] ha dato al rumore dei cardini della porta del purgatorio, interpretazione che a me sembra poco convincente, propongo piuttosto che qui ci troviamo di fronte al vero e proprio atto di un'*emendatio-musicae*. Quel preciso significato che continua ancora a sfuggirci circa la similitudine del "dolce suono" e il rugghiare dei cardini della porta, deve essere inteso come evoluzione musicale della struttura narrativa della *Com.*. Fino al di qua della porta, l'esperienza musicale del poeta, come pure quella delle altre anime, è stata sostanzialmente esperienza dell'antimusicalità; sebbene si siano avuti casi di giusta *musica instrumentalis* e *musica humana* attraverso il canto dei salmi. Con l'apertura della porta, invece, per la prima volta, entra in scena la *musica mundana* o musica cosmica. Il rugghiare della porta subisce all'improvviso un capovolgimento, da percezione uditiva prettamente animale, che emana con la sua apertura, e che si confà al carattere di *musica instrumentalis-humana* non ancora intonata, al di là della soglia, con premeditata ed elegante espressività, Dante introduce la musica celeste. La ragione per la quale proponiamo la presenza di *musica mundana* in questo preciso passo del *Pur.* è confermabile dal verso in cui il poeta dice: "ch'or sì or no s'intendon le parole" (v.145)[140] La capacità-limite della ragione del poeta, che non gli permette sempre di comprendere il senso delle parole, vuol dire che, in questo ambiente, c'è il riverbero di una musica *supernova*. Tale musica,

che è *mundana*, incomincia a farsi sentire quale termine di paragone
della vera musica e alla quale la *humana* si deve ispirare per completare
la propria impresa emendativa.

D'ora in poi la coscienza musicale di Dante pellegrino non è più
tenuta divisa dalle forze opposte dei sensi e della ragione; cioè non è
più contristata dal dilemma del non sapere ancora se *restare* o *andare*.
Qui il dubbio del "piè fermo", come pure quello dell'andare "col cuore e
col corpo" o dimorare, è eliminato completamente. Tutto questo è vero,
specialmente se si considera quel passo in cui a Dante, prima di varcare
la soglia della porta del purgatorio, viene ricordato dall'angelo portiere
che l'andare deve essere spontaneo e senza ripensamento:

> *Poi pinse l'uscio a la porta sacrata,*
> *dicendo: 'Intrate; ma facciovi accorti*
> *che di fuor torna chi 'n dietro si guata'.*
>
> *(Pur. 9.130-32)*

Con l'inizio del canto successivo, il superamento del dubbio, che il
poeta viandante si era portato avanti fin qui, ossia del non sapere se
dimorare o *andare*, ci viene presentato testualmente e nella sua forma
compiuta. Dante e Virgilio entrano fisicamente nel regno del purgatorio
e il riuscito trapasso testimonia il superamento del dubbio:

> *Poi fummo dentro al soglio de la porta*
> *che 'l mal amor de l'anime disusa,*
> *perché fa parer dritta la via torta,*
> *sonando la senti' esser richiusa;*
> *e s'io avesse li occhi vòlti ad essa,*
> *qual fora stata al fallo degna scusa?*
>
> *(Pur. 10.1-6)*

Appena le anime riescono a varcare la porta del purgatorio, non c'è
dubbio, sono pronte "d'ire a farsi belle"; mentre nell'antipurgatorio,
ostacolo era stata la dimenticanza di tale ideale. Inoltre, l'iniziale suono
metallico propagato dai "cardini" della porta viene completato quando
si richiude dopo l'entrata dei due viandanti: "sonando la senti' esser
richiusa;" (v. 4). Questo è anche il limite che segnala l'ultimo vero
esempio di musica profana che Dante si lascia alle sue spalle, senza
commettere il "fallo" di volgersi indietro: "e s'io avesse li occhi vòlti ad
essa,/qual fora stata al fallo degna scusa?" (vv.5-6). Qui il ritorno del
suono del male, causato dai cardini, sebbene al di là della porta, è solo

il ricordo di un ostacolo superato, è memoria di musica stonata. Il rugghiare dei cardini è parte di una dimensione cronachistica, in questo punto non è più nemmeno un dato storico.[141] Dante è ormai illuminato dalla grazia divina che lo separa dal ricordo e dalla vita anteriore. Il passo, perciò, è motivo di una grande cesura musicale ed essa, non coincidentalmente, si percepisce attraverso un solo senso, l'udito. L'introduzione della *musica mundana*, tale per le sue caratteristiche non sempre percettibili, è l'ultimo elemento che ci permette la quadratura del passo e ne convalida la nostra interpretazione. Con questo abbiamo la possibilità di dire che Denise Heilbronn non scioglie il nodo critico del passo e addirittura sbaglia nell'affermare che il suono dei "cardini" della porta sia una componente del 'dolce suono" che si propaga all'interno del regno. Come pure errore è interpretare "voce mista" e "con organi si stea" in forma di esibizione canora accompagnata dal suono dell'organo. "Cantar con organi" significa più che altro unione in consonanza di più voci, che afferma la legge intrinseca della musica quale riduzione della molteplicità all'unità. Da una notazione storica:

> ...*il Casimiri (Quando a cantar con organi si stea.*
> *"Le Conferenze al Laterano", Roma 1925, p. 123-57),*
> *seguito e accettato dal Fallani, sostiene che*
> *l'organo non fu mai strumento per accompagnare le*
> *voci, sino al Cinquecento; infatti, Organum voleva*
> *significare unione di due o più voci in consonanza;*
> *ars organandi era l'arte di comporre a più voci.*[142]

Il comporre a più voci e con intento di un inequivocabile gioco numerico che prevale nell'ordine, giusta disposizione, nonché richiamo imperituro delle vere leggi musicali, è il commiato analogico del "dolce suono", che si propaga come se si stesse "a cantar con organi". Cantar, quindi, secondo regole e non cantar realmente mediante l'accompagnamento dell'organo.

La musica nel nono canto del *Pur.* non è episodica, ma referenziale in quanto completa un lungo discorso strutturale di musica profana. In questo canto si chiude il discorso sulla musica profana che ha impegnato il poeta nell'*Inf.* e nei primi canti del *Pur.* Dante non è più preso dall'indecisione, la sua coscienza non è più sdoppiata come lo era prima tra corpo ed anima, tra sensi e ragione. Che l'anima, al di là della porta del purgatorio, non sia più soggetta a seduzioni delle cose terrene, lo ricorda addirittura Stazio dopo più di dieci canti:

Per che non pioggia, non grado, non neve,
non rugiada, non brina più su cade
che la scaletta di tre gradi breve;
nuvole spesse non paion né rade,
né coruscar, né figlia di Taumante,
che di là cangia sovente contrade;
secco vapor non surge più avante
ch'al sommo d'i tre gradi ch'io parlai,
dov'ha 'l vicario di Pietro le piante.

(Pur. 21.46-54)

Corpo e anima, i due requisiti fondamentali del Dante-personaggio, e *affectus* e *intellectus*, le due potenze dell'anima di quegli spiriti che si purgano, in questo secondo regno riacquistano la loro armonia e diventano entità omogenea. Qui si attua un vero e proprio intervento correttivo che, con la sua azione modificativa, permette alla *musica mundana* di prendere il suo corso e di eliminare, una volta per tutte, l'incalzante pressione della musica profana.

E' oramai convinzione chiara per il poeta quella di far risorgere la *musica mundana*, perché attraverso l'uso del linguaggio musicale, Dante conferma il risorgere dell'armonia tra corpo e anima come prefigurazione del viaggio qui, in terra, e tra *affectus* e *intellectus* come prefigurazione del viaggio delle anime nell'aldilà. Lo scopo dantesco è quello di portare a lieto fine il suo viaggio:

Ben si de' loro atar lavar le note
che portar quinci, sì che, mondi e lievi,
possano uscire a le stellate rote.

(Pur. 11.34-36)

Anche la scelta delle parole è indizio orientativo che chiarisce l'intento del pellegrino e delle altre anime; cioè quello di "lavar le note" che fino ad allora erano ricoperte dalla "caligine del mondo", dalla immonda forma musicale. Tutto questo, affinché possano arrivare alla loro meta e divenire partecipi della musica celeste generata dalle "stellate rote". Un'altra segnalazione che indica il trapasso musicale da uno stato di imperfezione a quello di perfezione, Dante la fa con nitida precisione quando dice:

> *Noi volgendo ivi le nostre persone,*
> *beati pauper spiritu! voci*
> *cantaron sì, che nol diria sermone.*
> *Ahi quanto son diverse quelle foci*
> *da l'infernali! ché* quivi per canti
> *s'entra, e là giù per lamenti feroci.*
>
> *(Pur. 12.109-14)*[143]

Il termine di paragone qui è molto chiaro: il mal suono non svolge più alcuna funzione, esso esiste solo nella memoria di chi si trova nel purgatorio vero e proprio. In contrapposizione ai "lamenti feroci", si aggira in questo ambiente una "voce" celeste con i suoi "cortesi inviti" che si va "reiterando" a tal punto che ne diventa motivo dominante. Non c'è dubbio: "Lo fren vuol essere del contrario suono".

Residuo di musica profana, che lo stesso è solo un ricordo nella memoria del pellegrino, è contenuto anche nel conosciutissimo passo della "femmina balba":

> *mi venne in sogno una femmina balba,*
> *ne li occhi guercia, e sovra i piè distorta,*
> *con le man monche, e di colore scialba.*
>
> *(Pur. 19.7-9)*

Già dalla sola descrizione fisica di tale "femmina" ci accorgiamo che il poeta ha in mente un discorso musicale. La cosa che si riconosce a prima vista è che c'è un'assenza di ordine nei suoi lineamenti anatomici, perché le varie parti del corpo non confluiscono tutte a formare un nesso armonico secondo l'estetica dei filosofi classici e medievali. Per i greci, e questo lo ritroviamo in forma più enfatica in Democrito, la presenza dell'armonia e della giusta corrispondenza delle cose, era motivo di felicità umana[144]. L'armonia significava ordine, bellezza e funzionalità (*partium congruentia*). Per il pensiero cristiano, compreso quello dantesco, armonia, oltre a significare un'effusione estetica della cosa oggetto di discussione, ne era anche il suo presupposto di verità. Per Dante, la massima relazione tra le cose era anche motivo di una massima armonia tra di loro: " sì come si vede ne le parole armonizzate e ne li canti, de' quali tanto più dolce armonia resulta, quanto più la relazione è bella: la quale in essa scienza massimamente è bella, perché massimamente in essa s'intende" (*Conv. 2.13.23*). Nel caso della "femmina balba" la legge estetica classico-medievale è completamente ribaltata. Ribaltata non solo nell'assenza di rapporti numerici: "ne li occhi guercia, e sovra i piè distorta, con le man monche", ma anche per il fatto che si tratta di una "femmina... di colore scialba".

Quello scialbore impresso nella figura indica la mancanza di *suavitate coloris*, e quindi, la mancanza della massima agostiniana relativa all'estetica del colore tanto cara a Dante: "Omnis pulchritudo est partium congruentia cum quadum *suavitate coloris*" (Tutta la bellezza è una questione di giusta proporzione e piacevole colore).[145] Alla deformazione fisica della "femmina" si aggiunge la forza ingannatrice del suo canto:

> *Poi ch'ell'avea 'l parlar così disciolto,*
> *cominciava a cantar sì, che con pena*
> *da lei avrei mio intento rivolto.*
> *'Io son', cantava, 'io son dolce serena,*
> *che 'marinari in mezzo mar dismago;*
> *tanto son di piacere a sentir piena!*
> *Io volsi Ulisse del suo cammin vago*
> *al canto mio; e qual meco s'ausa,*
> *rado se parte; sì tutto l'appago!'.*

> *(Pur. 19.16-24)*

Incantatore e ingannatore qui non è solo il canto della "dolce serena", che dismaga i marinari dalla giusta via, ma anche il richiamo alla memoria dell'episodio di Ulisse l'itacese che, con la sua "orazion picciola", riuscì a convincere i suoi compagni a varcare il *finis mundi* senza l'intervento della divina provvidenza e, quindi, destinato a fallire. Perciò, anche Ulisse è visto come una seconda e "dolce serena"; e ambedue sono il riverbero di una musica profana che vive solo nella memoria del pellegrino. Al di là di questo punto, non si troveranno più tracce di seduzione, nemmeno nella memoria. L'unico intento delle anime purgatoriali è di acquistare la bellezza primigenia, liberarsi dal peso del peccato e mettersi pronte ad unirsi al Sommo Fattore nella sua armonia *mundana*. Di fatto, d'ora in poi, saranno solo i salmi e le preghiere che accompagneranno le anime nel corso del loro cammino nell'ascesa purgativa. I salmi appaiono già nell'antipurgatorio, ma fino a quando non si entra nel purgatorio vero e proprio, si avverte un senso di bisticcio con motivi di musica profana, o un senso di bisticcio con passi che puntano in tale direzione. Un esempio illustre, come abbiamo avuto già modo di vedere, ne è proprio la conviviale canzone "amor che ne la mente mi ragiona" messa in bocca a Casella. La musica profana sviluppa il suo corso in forma di nuclei tematici e man mano che si va avanti, si opacizza fino ad arrivare ad esalarsi nel nulla. Al contrario, la musica sacra, che è contenuta nei salmi, già dall'inizio si pone come dato narrativo dominante e ne fa da cornice per tutto il regno. In altre parole, a cominciare dalle spiagge del purgatorio, abbiamo il presentimento che essa prevarrà su quella profana, perché è l'unico veicolo capace di ripristinare la *musica humana* nelle anime di questo secondo regno.

L'inno religioso, quale forma musicale dominante nella cantica del *Pur.*, svolge un effetto terapeutico e di protezione contro il peccato e la tentazione del serpente che incita ad inculcare la strada del male. Questo specialmente a notte fonda quando viene meno la luce di Dio. Infatti dopo il salmo 113, nella valletta fiorita dell'antipurgatorio, si avvicina la fine della giornata e le anime, per assicurarsi di non essere tentate da 'lo serpente che verrà vie via', e perché procedano senza impedimento verso la purificazione, intonano l'inno di compieta di Sant'Ambrogio:

> `Te lucis ante' si devotamente*
> *le uscìo di bocca e con sì dolci note,*
> *che fece me a me uscir di mente;*
> *e l'altre poi dolcemente e devote*
> *seguitar lei per tutto l'inno intero,*
> *avendo li occhi a le superne rote.*
>
> *(Pur. 8.13-18)*

Il canto trasporta le anime verso una verità suprema, e dal punto di vista tecnico, si può captare l'effetto vero che esso svolge sull'ascoltatore. Cioè permette alla mente di uscire fuori di sé e fare esperienza della verità divina. Ma bisogna fare attenzione. Tutto questo si manifesta solo nello stato di coscienza del poeta e non già effettivamente. E' una propagazione sonora in via e non in porto. C'è la sua intuizione, ma ancora manca la possibilità di raggiungerla concretamente. La musica delle "superne rote" si riesce a godere nella sua grandiosa armonia, solo quando le anime hanno compiuto il compito di "disnebbiar" il loro "intelletto"; e l'atto percettivo è tutto particolare, il quale sarà oggetto della nostra discussione nel prossimo capitolo. La *musica instrumentalis*, che è propagazione sensibile e intuibile mediante le facoltà uditive, svolge un ruolo suasivo sulle anime. E poiché il suono coinvolge prima la parte sensibile[146] dell'uomo e poi quella razionale, succede che, sebbene la *musica instrumentalis* sia piacevole nel suono, ma moralmente sbagliata nel suo contenuto, non emana impulsi terapeutici sulle anime, ma solo ritardo e seduzione. Cosa che noi vediamo in azione fino all'entrata della porta del purgatorio. D'altro canto, può verificarsi che essa assolva a funzioni curative ed è capace di tanto solo se è piacevole nel suono e nel contenuto. Questa, infatti, è una qualità propriamente dei salmi religiosi che abbondano nel *Pur.*. Il salmo ha il potere di guidare l'anima, poiché è capace di darle una giusta direttiva e di liberarla dal disordine e turbamento dei pensieri temerari. Nella credenza cristiana e nelle parole di San Basile, il salmo allontana i demoni e invoca l'aiuto degli angeli.[147] Di fatto gli attributi del salmo sono quelli di sostituire, benché temporaneamente, la forza divina, quand'essa vien meno col buio della notte. Il salmo allora, in quanto forza cinetica, è prerogativa pedagogica dell'anima perché la guida nel suo giusto andare: è, senza alcuna ombra di dubbio, la forma musicale più adatta per lo sviluppo della struttura musicale del *Pur.*. Se ci si sofferma un momento a riflettere sul modo in cui il poeta usa i salmi nel corso della purgazione, subito si nota che il proposito dantesco riconduce il lettore proprio a quanto detto sopra; cioè al fatto che l'inno religioso ha il compito di sostituire dialetticamente la *musica mundana* nel tratto che va dalla temporalità umana all'atemporalità divina. Ma prima di eseguire tale trapasso, le anime devono essere difese dalle insidie del male, specialmente quando "s'abbuia" e "salir...non si poria". Perciò, nello stare della notte, le anime sono tenute sulla retta via per effetto di un continuo salmodiare. E' imminente inoltre che nella concezione dantesca: *Tempora mutantur, et nos mutamur in illis* (i tempi mutano, e noi mutiam con essi). Se altrimenti fosse, si distruggerebbe tutta la visione salvifica e la meta ultima dell'uomo. Ma con Dante tale processo non si riferisce solo al cambiar delle cose con il mutar del tempo, ma significa anche trascendere il tempo stesso; e sembra chiaro che sia così, diversamente l'uomo non sarebbe capace di sottoporsi alla propria conversione.

Tanto per avere un'idea più concreta della presenza di inni religiosi o di preghiere espresse in canti, cerchiamo qui di elencarne solo alcuni dei più considerevoli:

> Pur `Agnus Dei *eran le loro essordia;*
> *una parola in tutte era e un modo,*
> *sì che parea tra esse ogni concordia.*
>
> *(Pur. 16.19-21)*

Il cantare all'unisono delle voci è richiamo della legge musicale più antica, cioè ridurre tutto all'unità; come pure è forma di ordine, perché le tante voci convergono tutte verso lo stesso fine armonico.

> *E io: `o creatura che ti mondi*
> *per tornar bella a colui che ti fece,*
> *maraviglia udirai, se mi secondi'.*
> *`Io ti seguiterò quanto mi lece',*
> *rispuose; `e se veder fummo non lascia,*
> *l'udir ci terrà giunti in quella vece'.*
>
> *(Pur. 16.31-36)*

Vista e udito sono i termini intorno ai quali gravita il discorso musicale. Essi si sostituiscono l'uno a l'altro quando il primo o il secondo risulta essere insufficiente. A volte si compenetrano per dare più risalto al discorso stesso. Nel passo riportato sopra, è la vista a mancare di spunto: "veder fummo non lascia", mentre il suo pari (l'udito) è pronto a non farne allentar il cammino: "l'udir ci terrà giunti in quella vece". In questo modo, il suono assume il ruolo di voce-guida e così rimane in tutta la musica purgatoriale.

Come si è avuto modo di constatare già altrove, il recupero della *musica humana* avviene gradualmente. Essa è percepibile nella sua totalità solo nel Paradiso terrestre, luogo in cui il poeta è in grado di iniziare a sentire la *musica mundana*. Non a caso, dopo aver guadagnato la sommità del monte, Dante dice:

> *Io non lo `ntesi, né qui non si canta*
> *l'inno che quella gente allor cantaro,*
> *ne la nota soffersi tutta quanta.*
>
> *(Pur. 32.61-63)*

L'inno non è certamente quello che si canta in terra, ma questo motivo musicale, che le anime della processione vanno cantando, ha qualcosa di singolare: Dante non lo comprende. L'incomprensione dell'inno, per il pellegrino, è inizio di una realtà ineffabile. Egli non riesce a descriverne la sua incomparabile dolcezza, perché la sua mente non arriva a tanta grandezza armonica. È in questa circostanza che la *musica humana* ritrova la sua originale armonia e intuisce quell'ordine necessario per poter entrare a far parte della *musica mundana*: di quella "nota" della "più dolce canzone e più profonda" (*Pur.* 32.90).

Un ultimo punto che vale la pena considerare è l'influenza della poesia stessa nella struttura musicale della *Com.*. Specialmente in questa seconda cantica, il componimento poetico costituisce motivo di ridestamento musicale. Fin qui abbiamo visto che ad assolvere a tale funzione sono soprattutto gli inni religiosi e le preghiere sotto forma di canti. In effetti, non sono essi gli unici ad esprimere il suono-guida del pellegrino e delle altre anime, ma, nella visione dantesca, anche la poesia stessa svolge una funzione pedagogica fondamentale volta al recupero dell'ordine musicale primigenio. Questo avviene sia nella sua accezione generale che nella sua peculiarità tecnico-compositiva. Per quello che concerne l'aspetto tecnico, nelle tante pagine spese sulla musica della *Com.* non si può ignorare il valore di *cantica* e di *canto* che Dante attribuì a questi sostantivi. Nell'*intentio* del poeta c'è sicuramente quella risposta che noi ritroviamo nel *D.V.E.* e che appunto chiama la poesia: "*fabricatio verborum armonizatorum*" (2.8.5). Nella concezione dantesca la poesia è forza cinetica e non '*infima inter omnes doctrinas*' (la più bassa delle dottrine) come voleva San Tommaso d'Aquino. Questo aspetto è stato già soddisfacentemente trattato da Iannucci. A proposito di questo egli ci dice:

> ...nella Commedia *Dante abbandona il concetto*
> *tomistico (precedentemente accennato) secondo cui è*
> *a forma che rende perfetta un'opera d'arte, che può*
> *quindi essere bella senza essere (eticamente)*
> *positiva. Per questo motivo san Tommaso d'Aquino*
> *definisce la poesia 'infima inter omnes*
> *doctrinas', quella che contiene 'minimum veritatis'.*
> *Nella* Commedia *Dante cerca di riabilitare l'arte*
> *contro questa accusa. La sua nuova poesia comporta*
> *una nuova dimensione etica e deve produrre non*
> *un effetto statico, come avrebbe voluto l'estetica*
> *tomistica, ma cinetico. La sua funzione è di*
> *dirigere la volontà verso Dio, non di trattenerla*
> *nella contemplazione della bellezza di per se stessa.*
>
> *(Iannucci, "Musica e ordine", p. 109)*

Forse è proprio per questa ragione che nel canto XXVI del *Pur.* si

trova, dotato di un vibrante realismo linguistico, il canto di *"Arnaut"*
che svolge appunto un compito educativo; esso è "effetto...cinetico"
perché serve da canto-guida per le anime:

> *"Tan m'abelis vostre cortes deman,*
> *qu'ieu no me puesc nu voill a vos cobrire.*
> *Ieu sui Arnaut, que plor e vau cantan;*
> *consiros vei la passada folor,*
> *e vei jauscen lo joi qu'esper, denam.*
> *Ara vos prec, er aquella valor*
> *que vos guida al som de l'escalina,*
> *sovenha vos a temps de ma dolor!'.*
>
> *(Pur. 26.139-47)*

Nonostante il fatto che quello di Arnaldo sia un canto profano, qui è
motivo prettamente positivo, è *musica instrumentalis* salvifica volutamente espressa dal poeta per liberare la poesia dall' "effetto statico".
Infatti, come ha detto sopra Iannucci, statica era la visione estetica
tomistica relativa alla poesia. Qui invece, la ragione per la quale Dante
usa un canto profano al posto di un qualsiasi salmo, è perché vuole
sbarazzarsi del vincolo tomistico e ridare la piena virtù alla poesia;
cioè quella virtù capace di muovere lo spirito verso la giusta direzione,
umiltà e purificazione. Tutto questo è riposto nell'atteggiamento di
Arnaldo. Egli:

> *non ha una parola per il proprio passato di poeta,*
> *per i propri trionfi terreni; ma, anima quasi del*
> *tutto purificata, si limita a ricordare la sua*
> *colpa, ad esprimere la sua speranza del Cielo e a*
> *domandare discretamente suffragi.*[148]

Concludiamo ricordando che la musica del *Pur.* è una musica che
riflette la forma e sostanza della cantica: essa perviene al lettore in
forma trasformativa. Anche a livello musicale si riscontra una conversione che va dalla seduzione di musica profana al ritrovamento della
musica humana. Il suo processo emendativo avviene con difficoltà,
ritardi e seduzioni; fino al punto in cui il pellegrino varca la soglia della
porta del purgatorio. La porta è il termine di paragone e il dato ogget-
tivo di una grande cesura musicale: è il superamento della seduzione
musicale *in malo* e inizio della musica *in bono.* Qui l'inizio è vissuto
nella sua totalità: nella coscienza e realtà fisica del pellegrino. Tutto
questo perché, appena Dante si trova nel purgatorio vero e proprio, sen-

timento e ragione trovano un punto di intesa e funzionano armonicamente. Essi non sono più contrastati da forze opposte, ma il loro proposito è uno e lo stesso per tutt'e due: riguadagnare la *musica humana* primigenia per unirsi a quella *mundana*. Alla vetta della montagna del purgatorio, tale obiettivo è raggiunto poiché l'anima è pronta a fare piena esperienza della musica divina delle sfere. Insieme a questo motivo narrativo, Dante intenzionalmente sente il bisogno di ridare alla poesia il suo dignitoso valore pedagogico e liberarla dalle insidie dell'estetica tomistica; cioè di: '*infima inter omnes doctrinas*' e di dottrina che contiene '*minimum veritatis*'. Con il canto di Arnaldo, Dante elimina l'effetto statico e promuove quello cinetico della poesia: "La sua funzione è quella di dirigere la volontà verso Dio".

CAPITOLO V

ITINERARIO MUSICALE NEL PARADISO

> *La gloria di colui che tutto move*
> *per l'universo penetra, e risplende*
> *in una parte più e meno altrove.*
> *Nel ciel che più de la sua luce prende*
> *fu' io, e vidi cose che ridire*
> *né sa né può chi di là sù discende;*
> *perché appressando sé al suo disire,*
> *nostro intelletto si profonda tanto,*
> *che dietro la memoria non può ire.*
>
> *(Par. 1.1-9)*

Già in apertura, la cantica del *Par.*, nelle parole stesse del poeta, rivela un contenuto poetico ineffabile. L'ineffabilità della poesia, volutamente programmata da Dante, pone in essere altresì un chiaro parallelismo tra poesia e musica; e quest'ultima, come la musica, è tutta ineffabile. Nel programma di questo capitolo, ci preoccuperemo di gettar luce sul tema musicale del *Par.* e ne analizzeremo quei luoghi che meglio precisano e sostengono il livello musicale più alto della tradizione boeziana: la *musica mundana*. La musica del *Par.* sarà valutata partendo da due punti di vista: da una parte si farà una considerazione sulla *musica mundana* come effusione positiva che insegna razionalmente; dall'altra la *musica mundana* sarà analizzata nell'ambito di una condizione trascendentale che insegna arcanamente. Seguendo tali direttive, il nostro metodo si basa su un approccio dialettico prettamente medievale, che da una parte gioca sulla cultura del discorso e della parola, e dall'altra sulla cultura del silenzio che paradossalmente afferma la musica negandola. Inizieremo le nostre valutazioni dalla prospettiva positiva cercando di capire come il tema musicale venga gestito razionalmente. Inoltre cercheremo di dimostrare, facendo luce su precisi dati testuali, come il *Par.* sia l'espressione autentica della *musica mundana* che conclude tutto il disegno musico-strutturale della *Com.*, e non solo della

Com., ma conclude anche il disegno della tripartizione musicale di Boezio.

La *musica mundana* è essenzialmente di una matrice cosmica e, in proposito, Boezio parla del movimento della "caeli machina"; cioè di quelle cose che si riscontrano nel cielo, nella combinazione degli elementi e nella diversità delle stagioni. Anche se il nostro udito non riesce a percepire la musica cosmica, per Boezio non ci sono dubbi sulla sua esistenza. Altrimenti non si potrebbe rispondere alla domanda che egli stesso si chiede nel *De mus.*: *"Qui enim fieri potest, ut tam velox caeli machina tacito silentique cursu moveatur?"* (Infatti, come può una macchina così veloce muoversi su di un corso muto e silenzioso?).[149] La sua risposta è che:

> ...*Etsi ad nostras aures sonus ille non pervenit,*
> *quod multis fieri de causis necesse est, non poterit*
> *tamen motus tam velocissimus ita magnorum corporum*
> *nullos omnino sonos ciere, cum praesertim tanta sint stellarum*
> *cursus coaptatione coniuncti, ut nihil aeque compaginatum,*
> *nihil ita commissum possit intellegi.*
> *Namque alii excelsiores alii inferiores*
> *feruntur, atque ita omnes aequali incitatione*
> *volvuntur, ut per dispares inaequalitates ratus*
> *cursuum ordo ducatur. Unde non potest ab hac*
> *caelesti vertigine ratus ordo modulationis absistere.*

> *(Boezio, De mus., 1.2, pp. 187-8)*

[Anche se quel suono non penetra nelle nostre orecchie, e ciò avviene per varie ragioni, è tuttavia impossibile che un movimento tanto veloce di corpi immani non produca suono affatto, specialmente quando i corsi delle stelle sono congiunti da una così armoniosa unione, che niente così perfettamente unito, niente così perfettamente connesso possa essere ottenuto. Infatti alcune orbite si rivelano più in alto, altre più in basso; ed esse, tutte, ruotano con uguale energia al punto tale che un ordine fisso dei loro corsi è computabile attraverso le loro diverse ineguaglianze.][150]

Il discorso armonico sui quattro elementi, come pure l'introduzione armonica sulle stagioni mancano, e sembra che a questo punto del trattato ci sia una lacuna testuale. Una ragione plausibile capace di spiegare tale situazione e con una certa attendibilità penso sia quella che suggerisce Calvin M. Bower, "Some scribe may have jumped from one `diversity' to another". [151]

In riferimento alle stagioni dell'anno, Boezio insiste sul concetto di *"diversitas",* poiché dalla diversità nasce tutto il nesso della loro consonanza e, quindi, della loro armonia. Nel pensiero boeziano, il contenuto di siffatta diversità non deve essere inteso quale presupposto di forze contrastanti nell'ambito dell'azione, ma semplicemente come diversità di forze opposte nella sfera dell'essenza. Da ciò si evince che, sebbene due o più cose siano diverse nella loro essenza, non significa che esse non siano compatibili. Anzi, nella teoria musicale di Boezio, più la diversità è grande e più la consonanza è bella. Ritornando alle stagioni dell'anno e tenendo presente tale nozione sulla diversità, Boezio dice che ognuna di esse produce frutti nell'ambito della sua durata, oppure aiuta un'altra stagione a portarli. Questo modo di vedere il movimento ciclico dei periodi dell'anno afferma il ruolo delle consonanze e dell'armonia espletato dalle singole stagioni, visto che il compito di ognuna di esse è quello di raggiungere il comune obiettivo, ossia l'obiettivo di recare frutti secondo il termine stabilito dalle leggi della natura.

Il discorso di Boezio relativamente alle stagioni è il seguente:

> *... ita etiam in mundi musica pervidemus nihil ita*
> *esse nimium posse, ut alterum propria nimietate*
> *dissolvat. Verum quicquid illud est, aut suos*
> *affert fructus aut aliis auxiliatur ut afferant. Nam*
> *quod constringit hiem, ver laxat, torret aestas,*
> *maturat autumnus, temporaque vicissim vel ipsa suosafferunt*
> *fructus vel aliis ut afferant subministrant.*
>
> *(Boezio, De mus., 1.2, p.188)*

[Così pure nella musica cosmica notiamo che niente può essere troppo eccessivo al punto tale che distrugga qualcos'altro per effetto della propria intemperanza. Ogni cosa è fatta in modo che o porti il proprio frutto o aiuti le altre a portare il loro. Perciò, quello che l'inverno relega, la primavera rilascia, l'estate riscalda, l'autunno matura. Le stagioni, a loro volta, o portano il proprio frutto o aiutano le altre a portare il loro.][152]

La discussione che Boezio promette di fare non sarà mai ripresa poiché, in tutto il trattato, egli non ritornerà mai più a parlare né dell'armonia delle sfere né dell'armonia delle stagioni. Sebbene manchi

di discutere minutamente la *musica mundana*, un punto che Boezio
chiarisce molto bene è la netta suddivisione della musica nelle sue tre
parti principali che abbiamo avuto già modo di esaminare. Per la mancanza di una discussione dettagliata della *musica mundana* nel testo
boeziano, siamo costretti a rivolgerci altrove e precisamente al testo
dantesco. Quindi bisogna chiudere il *De mus.* e aprire la *Com.*, precisamente alla cantica del *Par.*. È appunto in questa cantica che riusciamo a
portare alla luce tutto un *corpus* semantico relativo alla musica cosmica
che Boezio menziona solo *en passant*. La musica cosmica teorizzata da
Boezio è la stessa musica cosmica che si trova nel *Par.*

Il motivo essenziale di quest'ultima cantica è esposto già nel primo
canto e gestito da chiare marchiature musicali:

> *Quando la rota che tu sempiterni*
> *desiderato, a sé mi fece atteso*
> *con l'armonia che temperi e discerni,*
> *parvemi tanto allor del cielo acceso*
> *de la fiamma del sol, che pioggia o fiume*
> *lago non fece alcun tanto disteso.*
> *la novità del suono e 'l grande lume*
> *di lor cagion m'accesero un disio*
> *mai non sentito di cotanto acume.*

(Par. 1.76-84)

Dopo aver preparato il lettore sulla consistenza del *Par.*, Dante incomincia a parlare della musica con riferimento alle sfere celesti. La
musica delle sfere è nozione pitagorica e platonica che Dante riprese dal
Somnium Scipionis di Cicerone. Tra l'altro, oltre al testo ciceroniano
relativo all'armonia delle sfere celesti, altre fonti che contribuirono in
maniera rilevante alla diffusione di tale nozione sono i vari testi volgari
medievali e le attestazioni dei padri della Chiesa.[153] Nel sogno di Scipione, Cicerone parla delle sfere celesti che si muovono mirabilmente
per effetto di una mente divina. Nel loro movimento, le sfere producono armonia che è costituita da note alte e basse e da una serie di intervalli disuguali. Tutti i movimenti sono disposti e ordinati dalla natura;
e un'estremità delle sfere (quella alta delle stelle) produce suoni alti,
mentre l'altra (quella della luna) produce suoni bassi. La terra forma la
nona sfera, che è anche il centro dell'universo ed è immobile. Le orbite
delle altre otto sfere, di cui due hanno lo stesso valore, formano le
sette note musicali separate dai relativi intervalli. La musica cosmica,

propagata dal movimento delle sfere, è impercettibile da parte delle facoltà uditive dell'uomo, perché causata dal rapido movimento circolare dell'universo. E anche perché la gioia della presenza divina arresta il suono e sviluppa una contemplazione dell'Etere Supremo sotto forma di silenzio. Ora, se ritorniamo al passo succitato, notiamo che Dante segue lo stesso disegno: parla dell'armonia cosmica scaturita dall'interazione tra il primo mobile e gli altri cieli sottostanti. Il poeta già altrove ha parlato di "note de li etterni giri" (*Pur.* 30.93), o di "là dove armonizzando il ciel t'adombra," (*Pur.* 31.144) per riferirsi all'armonia delle sfere celesti; ma la sua conoscenza della *musica mundana*, fino alla vetta del Purgatorio, è pressoché vaga e approssimativa "ch'esser non può nota/se non colà dove gioir s'insempra." (*Par.* 10.147-48). Solo al punto del suo "Trasumanar" si ha la "novità del suono" e la musica diventa "cagion" di "disio" che lui non aveva mai avvertito prima. Il trapasso itinerale del pellegrino dal Paradiso Terrestre (*Pur.*) alla Sfera del Fuoco (*Par.*), è il punto in cui, oltre ad affermare la progressione del viaggio nell'aldilà, apre propriamente il discorso sulla musica cosmica. Dante afferma verbalmente la musica cosmica per penetrare le menti umane non incolumi dal peccato e per "tradurre in forme sensibili l'idea della trascendenza" musicale. Aggiunge, viepiù, momenti di difficoltà e incertezza espressiva che caricano di realismo la discussione delle cose ivi descritte, propriamente ineffabili e difficili da trattare discorsivamente. Questo senso del limite, che è da una parte privilegio e desiderio di dire e dall'altra cruccio di impotenza espressiva, è nitidamente documentato dal poeta stesso:

> *Nel ciel che più de la sua luce prende*
> *fu'io, e vidi cose che ridire*
> *né sa né può chi di là sù discende;*
> *perché appressando sé al suo dire,*
> *nostro intelletto si profonda tanto,*
> *che dietro la memoria non può ire.*
> *Veramente quant'io del regno santo*
> *ne la mia mente potei far tesoro,*
> *sarà ora materia del mio canto.*

(Par. 1.4-12)

Il limite verbale segnato all'inizio del passo dall'ineffabilità poetica (perché "ridire/né sa né può chi di là sù discende") alla fine si accende di un soffio di speranza, visto che il poeta, nonostante la difficoltà linguistica, incapace di trovare espressioni comunicative adeguate, ci darà pur informazioni, per quello che può, di questo "regno santo". Tutto il discorso è giocato sul criterio del limite-impossibilità; e in ultimo, non poteva non far prevalere che la scelta del limite sull'impossibilità di dire e significare affatto. Dante qui non può essere privato del beneficio di "significar per verba", perché se altrimenti fosse, il privilegio di Dante *viator*, ossia di ambasciatore messianico che deve comunicare agli uomini il messaggio divino di cui egli è vate, verrebbe annullato e con esso la *raison d'être* di tutta la *Com*.. Risonanze di musica cosmica balzano fuori quasi in ogni parte di questa terza cantica e, sia per i notevoli rimandi testuali che per il grado di significazione, sembra proprio rivestire il ruolo di una grande metafora della *musica mundana*. Che Dante cerchi di sviluppare ed effettuare lavori di limatura sulla similitudine della perfetta funzionalità del cosmo paragonata all'armonia della *musica instrumentalis*, nonché funzionalità del cosmo e armonia musicale concepite come immagine dell'ordine universale, è un dato di indubbia attendibilità. I riferimenti testuali che puntano in tale direzione sono tanti e qui di seguito ne citeremo solo i più importanti. Prima di passare alla similitudine vera e propria, Dante informa il lettore circa la funzionalità del cosmo e dell'organizzazione degli elementi atti a contribuire alla sua buona funzionalità. È questa una spiegazione che non poteva non essere messa in bocca alla sua fedele guida, la guida-anima, la sua "antica fiamma", Beatrice:

> ...`Le cose tutte quante
> hanno ordine tra loro, e questo è forma
> che l'universo a Dio fa simigliante.
> Qui veggion l'alte creature l'orma
> de l'etterno valore, il qual è fine
> al quale è fatta la toccata norma.
> Ne l'ordine ch'io dico sono accline
> tutte nature, per diverse sorti,
> più al principio loro e men vicine;
> onde si muovono a diversi porti
> per lo gran mar de l'essere, e ciascuna
> con istinto a lei dato che la porti.
> Questi ne porta il foco inver' la luna;
> questi ne' cor mortali è permotore;
> questi la terra in sé stringe e aduna;*

> *(Par. 1.103-17)*

Il discorso di Beatrice oltre a spiegare il perfetto ordine divino, in quanto tutte le cose create sono ordinate tra loro mediante un rapporto armonico, introduce una tematica musicale per il fatto che nel testo chiosato si trova il termine "ordine". Una tematica questa che non è solo forma e principio che dà l'essere a ciascuna cosa nel cosmo, ma è anche la causa che determina la forma e l'essere musicale della cantica.[154] Infatti la poesia del paradiso contiene un substrato musicale ricomponibile attraverso un ragionamento dialettico che si apre al lettore quale massima dell'ordine delle cose. Una massima questa di autentica etichettatura medievale, che occupa un posto di rilievo nella tradizione culturale di questo evo storico tutto rivolto alla vita spirituale e alle sue implicazioni simboliche.

Un discorso esegetico relativo alla terza cantica, imperniato tutto sull'ordine e, quindi, sulla musica, è palesemente sostenuto e favorito dal complesso delle circostanze testuali. Così favorito e fondato sull'ordine della cantica deve essere l'approccio metodologico per la quadratura strutturale di tutta la *Com.*. Il poema dantesco, sotto il profilo di struttura musicale, fu già glossato da Arnaldo Bonaventura che dice: "Tutta la struttura del Poema è sommamente armonica, pel numero di canti che compongono ciascuna delle tre parti e per la loro rispondenza, pel metro adoprato, per l'ordinamento di tutto l'insieme."[155] A comprovare l'efficacia di questo metodo sono quei luoghi testuali che, chi più e chi meno, puntano tutti ad annunciare l'idea di ordine e di *musica mundana* nel *Par.*. L'esordio della musica cosmica appare già in *Pur.* 30:

> *così fui sanza lagrime e sospiri*
> *anzi 'l cantar di quei che notan sempre*
> *dietro a le note de li etterni giri;*
>
> *(vv.91-93)*

È questa la terzina in cui Dante, per la prima volta, accenna alla musica delle sfere emanata dai cori angelici che imitano "le note de li etterni giri". L'armonia che il poeta percepisce è, da un lato, forza unitiva, poiché l'anima traviata dalle baraonde del secolo riacquista il suo ordine primordiale e, quindi, ritrova la coscienza dell'*exemplum*; dall'altro lato è virtù terapeutica che, come obbiettivo ultimo, nella funzione di *emendatio animae*, riprende e guarisce l'anima dal suo precedente stato di disordine.

Nel Paradiso Terrestre Dante può avere un'idea di quella che sarà la musica delle sfere, ma non ne ha certamente una diretta conoscenza. Il suo limite conoscitivo è palesato dalla personale asserzione: "'l cantar di quei che notan sempre/dietro a le note de li etterni giri;/...'ntesi ne le dolci tempre/ lor compartire a me,...". Qui il poeta riesce a udire il canto degli angeli che modellano la loro armonia sulla musica delle sfere e, quindi, sente non la musica delle sfere vera e propria, ma quella degli angeli. Ha un'idea di quella che può essere la musica "de li etterni giri", poiché è mediata dall'armonia angelica, ma non ne ha una sua diretta e sicura certezza. Per arrivare a ciò, bisogna arrivare al primo canto del *Par.*, in quel passo in cui il pellegrino dice:

> *Quando la rota che tu sempiterni*
> *desiderato, a sé mi fece atteso*
> *con l'armonia che temperi e discerni,*
> ....
> *La novità del suono e 'l grande lume*
> *di lor cagion m'accesero un disio*
> *mai non sentito di cotanto acume.*
>
> (*Par.* 76-84)

Di quale sfera si tratti, la critica dantesca è andata in diverse direzioni, ma un'attendibile asserzione sembra essere quella del Pasquazi, il quale identifica in tale sfera il Primo Mobile, cioè la prima "rota". Il Primo Mobile, relativamente al discorso musicale, è la sfera esemplare. L'esemplarità è data dalla sua doppia natura: per il fatto che sia, nel contempo, veicolo e fonte della musica celeste. È veicolo di diffusione in quanto trasmette le leggi musicali alle sfere inferiori; è fonte in quanto Dio ivi regna. E Dio è tutto: vita, funzionalità, amore, musica, ecc. Questi sostantivi, nella loro forma e sostanza, sono tutti governati da una suprema legge dell'ordine che ha origine proprio in Dio.

La musica delle sfere è un dato predominante anche nella seguente terzina:

> *Diverse voci fanno dolci note;*
> *così diversi scanni in nostra vita*
> *rendon dolce armonia tra queste rote.*
>
> (*Par.* 6.124-26)

Per parlare dell'ordine cosmico che regna tra le sfere, Dante usa una similitudine musicale e dice che, come le diverse voci organizzate secondo regole producono una dolce armonia, così i diversi gradi di beatitudine sono disposti in modo ordinato così da effondere, anch'essi, piacevole armonia. Il paradiso dantesco è concepito quale netta contrapposizione del baratro infernale, in tutti i sensi: nel suo contenuto, nella sua forma, nel suo disegno topografico. Così certamente, e non di meno, risulta la stesura del suo itinerario musicale. La musica, nella progressione del viaggio attraverso l'*Inf.*, man mano che si scende e si incontrano le anime dannate, è gestita in funzione degenerativa; di contro, nel *Par.*, con l'ascesa da un cielo all'altro, viene promossa ontologicamente fino alla sua massima espansione. Questo Dante non lo rivela direttamente e in chiave musicale, ma piuttosto sotto forma di ideale tematico:

> *Per letiziar là sù fulgor s'acquista,*
> *sì come riso qui; ma giù s'abbuia*
> *l'ombra di fuor, come la mente è trista.*
>
> *(Par. 9.70-72)*

Nel capitolo dedicato all'*Inf.* abbiamo avuto modo di trattare il ruolo della luce come componente attiva della musica, specialmente per quello che riguarda il verso in cui troviamo: "là dove l' sol tace," (*Inf.* 1.60). Tutto questo perché le leggi inerenti alla luce, in fatto di ordine, trovano la stessa applicazione anche in musica. Ovvero la terzina sopra riportata, tutta giocata sull'uso della luce come realtà paradisiaca e della sua contrapposizione sotto la tecnica di inferno-ombra, oscurità, mancanza di luce, riprende un motivo musicale di presenza-assenza, di musicalità-antimusicalità. Il grande confronto, e allo stesso tempo scontro tematico, risiede proprio in questo paragone dialettico, che alla fine diventa nuova sintesi e riaffermazione della vera armonia del cosmo. Il passaggio è graduale con le sue tensioni affermative e trasformative che rincalzano i singoli episodi, di canto in canto, da cantica a cantica. È inoltre una svolta che compie il disegno del motivo strutturale della *Com.*. Perciò vediamo che nell'*Inf.* "s'abbuia l'ombra di fuor, come la mente è trista"; nel *Pur.* la "luce...puote disnebbiar...[l']intelletto"; nel *Par.* "fulgor s'acquista" quale sovrabbondanza di luce divina. Il genio retorico dantesco risiede appunto in questi minuziosi dettagli figurali: di vista-udito, di luce-suono. Essi, collocati là dove è di loro competenza, che in effetti è precisamente dove si trovano, riescono a ricomporre la struttura unitiva che caratterizza "il poema sacro". Che

la vista e l'udito siano i più nobili nella gerarchia dei sensi umani non
ci sono dubbi; e ad essi Dante attribuisce il valore più alto:

> *'Al Padre, al Figlio, a lo Spirito santo',*
> *cominciò, `gloria!', tutto 'l paradiso,*
> *sì che m'inebriava il dolce canto.*
> *Ciò ch'io vedeva mi sembiava un riso*
> *de l'universo; per che mia ebbrezza*
> *intrava per l'udire e per lo viso.*

> *(Par. 27.1-6)*

Senza perdere di vista la musica delle sfere, anzi, ritornando sui
nostri passi relativamente a tale argomentazione, Dante sente il bisogno di rendere più palese questo motivo rivolgendosi direttamente al
lettore:

> *Leva dunque, lettore, a l'alte rote*
> *meco la vista, dritto a quella parte*
> *dove l'un moto e l'altro si percuote;*
> *e lì comincia a vagheggiar ne l'arte*
> *di quel maestro che dentro a sé l'ama,*
> *tanto che mai da lei l'occhio non parte.*

> *(Par. 10.7-12)*

L'invito al lettore, mediante la tecnica medievale dell'apostrofe, serve
a stabilire un nesso dialettico tra narratore e lettore, tra vista e udito.
Dante poeta è anche Dante personaggio; il poeta, costruttore di tutte le
sequenze narrative dell'opera, è anche protagonista del proprio lavoro,
ossia ha una funzione attiva, fisica, attraverso il viaggio del poema vissuto in prima persona. Il lettore acquista piena consapevolezza di tutte
le interconnessioni narrative, ed è lettore accorto solo se riesce a diventare tutt'uno con il protagonista. In altre parole, i ruoli che si mettono
in gioco nella macchina narrativa sono governati da una forza unitiva
che li dota di una giusta rispondenza e di un sincronico rapporto. La
stessa cosa avviene tra la vista e l'udito, per lo meno è questa la cosa
che Dante ci invita ad osservare nel passo succitato. La vista serve ad
iniziare quel processo di apprensione del bello visivo: "leva dunque,
lettore, a l'alte rote/meco la vista...", per poi completarlo mediante la
percezione del bello uditivo: "...dritto a quella parte/dove l'un moto e
l'altro si percuote". Tutto questo per spiegare la perfetta armonia del
cosmo. Un'armonia intesa nella sua totalità: di perfetta luce e di perfetto suono. Calzante, a proposito della luce, penso che sia la massima

di Giovanni Scoto Erigena, figura di forte influenza sugli intellettuali del Medioevo: *"Lux color est...et formas rerum sensibilium detegit"* (La Luce è l'essenza del colore e rende le forme dell'universo fisico visibili).[156] Ma sul contenuto della *forma* bisogna stare attenti, perché nel Medioevo aveva un significato molto vasto. E come Giovanni Scoto identifica lo stretto rapporto tra luce e colore, così anche tra luce e suono si trova un nesso interno, un punto di mediazione che li dota di reciproche dinamiche sostitutive; questo, chiaramente, per effetto delle sublimi leggi compositive della lingua poetica. Per esempio, il livello visivo concepito come parte di un "sistema di *livelli* sovrapposti" (se di sistema di livelli sovrapposti si può parlare nella configurazione dell'opera letteraria) agisce in correlazione con altri elementi interni della poesia; uno di essi è, per l'appunto, il nobilissimo *livello* fonico. Per cui i capovolgimenti di ruoli, sostituzioni di immagini, intervento di un livello al posto di un altro e in forma figurata, essi, tutti, concorrono alla formazione dell'irripetibile messaggio poetico.

L'appello che Dante fa al lettore è chiarimento della sua intenzionalità che, come già studiato da Eric Auerbach, e poi ripreso da Leo Spitzer, ci porta a considerare il poeta "come la guida che conduce il lettore lungo i sentieri sui quali vuole indirizzarlo".[157] Aggiunge ancora lo Spitzer: "Dante rende consapevole il lettore delle leggi e delle giustificazioni della sua opera artistica".[158] La stessa consapevolezza è avvertibile relativamente alla struttura musicale della cantica sotto forma appunto di apostrofe al lettore. È un modo di fare questo, che serve a richiamare all'attenzione il lettore per coinvolgerlo più direttamente. Un esempio di questo tipo è la conosciutissima terzina in cui Dante ricorda che la sua opera è polisemica:

> *O voi ch'avete gli intelletti sani*
> *mirate la dottrina che s'asconde*
> *sotto 'l velame de li versi strani.*
> (Inf. 9.61-63)

Seguendo una lettura spedita e incompromessa, senza essere influenzati da tematiche specifiche, o da osservazioni critiche esistenti, la terzina serve da richiamo e quasi da monito quando stiamo per abituarci al rilassamento della lettura, che usualmente non va oltre la lettera. Ma impegnati come siamo dal tema musicale della *Com.*, non possiamo far passare inosservato ciò che fa da seguito alla summenzionata terzina.

Infatti, sembra che essa sia un proemio musicale al basso *Inferno*. Il tema di cui si passerà a discutere, quasi come un chiaro presentimento, annuncia il carattere morale di tale ambiente in chiave musicale, come pure l'indizio di una preveggenza salvifica:

> *E già venìa su per le torbide onde*
> *un fracasso d'un suon, pien di spavento,*
> *per cui tremavano amendue le sponde,*
>
> *(Inf. 9.64-66)*

Il termine di paragone messo a punto dalla terzina risiede nella dialettica interazione tra *fracasso* (che rappresenta la bassezza e la quasi totale assenza morale di questo regno, concretizzata dall'azione del Messo celeste per dimostrare la sua potenza misteriosa contro i diavoli) e *suon*, che preannuncia una possibilità di speranza alla fine del viaggio. Contro le furie infernali il Messo agisce con veemenza, e quest'impeto travolgente è puntualizzato dal "fracasso" che genera con la sua venuta. Quindi abbiamo da un lato un non-suono, una effusione acustica sregolata, un "fracasso" appunto, che serve a incutere spavento nei diavoli. Una trovata questa molto adatta al caso e corrispondente quasi, per il suo realismo antimusicale, al gridar "sì alto" aizzato dalle furie infernali, che ostacolano i due viandanti all'entrata della città di Dite. Dall'altro lato domina incontrastato il "suon", sempre del Messo celeste che, arrivato in soccorso di Dante e Virgilio, senza difficoltà alcuna, spalanca la porta della città con il semplice tocco di "una verghetta". Tale gesto, per la sua ovvia evidenza, non ha nulla di musicale in sé, ma è un indizio che ne favorisce lo svolgimento altrove. La speranza di un'eventuale salvazione, che in parte è avvertita come presentimento prima di entrare nella città di Dite. Nella seconda cantica, Dante, mediante un'apostrofe esclamativa rivolta al lettore, la trasforma in speranza oggettiva in forma di canto:

> *Ahi quanto son diverse quelle foci*
> *da l'infernali! ché quivi per canti*
> *s'entra, e là giù per lamenti feroci.*
>
> *(Pur. 12.112-14)*

Anche i ripetitivi appelli al lettore che Dante fa qua e là, da cantica a cantica, e che sembrano identificarsi con sporadiche ricorrenze testuali, in realtà, seguono attentamente la struttura narrativa del poema, che pian piano si va innalzando nel contenuto e nella forma. Nel *Par.*, l'invito che Dante fa al lettore è in sintonia con la struttura morale di tale cantica e, servendosi dei sensi più nobili dell'uomo, vista e udito, illumina il lettore sull'ordine del cosmo generato dall'infallibile arte di Dio:

> *Leva dunque, lettore, a l'alte rote*
> *meco la vista, dritto a quella parte*
> *dove l'un moto e l'altro si percuote;*
> *e lì comincia a vagheggiar ne l'arte*
> *di quel maestro che dentro a sé l'ama,*
> *tanto che mai da lei l'occhio non parte.*
> ....
> *Or ti riman, lettor, sovra 'l tuo banco,*
> *dietro pensando a ciò che si preliba,*
> *s'esser vuoi lieto assai prima che stanco.*
> *Messo t'ho innanzi: omai per te ti ciba;*
> *ché a sé torce tutta la mia cura*
> *quella materia ond'io son fatto scriba.*

(Par. 10.7-27)

L'ordine del cosmo è dimostrato dal poeta per mezzo di dati specifici che coinvolgono la luce e il suono. E anche qui, ancora una volta, la nostra tesi che propone la musica quale fattore strutturale della *Com.* trova la sua valida applicazione. Tale fattore in ogni passo del poema, sia esso relativo all'*Inf.*, *Pur.* o *Par.*, e sebbene a volte non trovi compiutezza nelle tante isole tematiche emergenti dal poema, non dobbiamo mancare di considerarlo nella sua visione globale. Di fatto, solo riordinando il mosaico tematico sparso nei cento canti e alzando lo sguardo alla globalità della *Com.*, la musica acquista la sua effettiva compiutezza strutturale.

Quello che siamo venuti discorrendo fin qui, anche se sotto profili argomentativi diversi, è l'*iter* espositivo dantesco in senso definito. Ciò significa che le varie citazioni testuali della *Com.* riferite alla musica del *Par.*, specialmente quelle che abbiamo discusso nelle pagine precedenti, servono a mettere a fuoco la *musica mundana* come considerazione tematica e tecnica espositiva che insegna razionalmente. Ciò è elegantemente e dialetticamente eseguito dal poeta per mezzo della virtù del discorso e della rivelazione in cui la parola è dato espressivo, il più alto, nel processo formativo del messaggio poetico-musicale. Come annunciato anche all'inizio del capitolo, questo è il primo metodo di considerazione della musica del *Par.*. Ora, nelle pagine che rimangono, ci occuperemo sempre della musica della terza cantica, ma in funzione antitetica alla prima. Cioè la *musica mundana* sarà analizzata nell'ambito di una realtà che trascende il livello del possibile razionale dell'uomo e che insegna attraverso l'arcano espediente del silenzio. Con quest'ultima trattazione saremo in grado di risolvere l'equazione musicale del discorso-silenzio che è alla base del *Par.* e che propone la visione totale del Sommo Bene come *Deus musicus*.

Un mondo che non può essere inteso dalla intelligenza umana, Dante non può esprimerlo con la semplice parola, bensì mediante la negazione assoluta della stessa. Un caso della trascendenza del discorso è contenuto nel seguente passo:

> *Ne la corte del cielo, ond'io rivegno,*
> *si trovan molte gioie care e belle*
> *tanto che non si posson trar del regno;*
> *e 'l canto di quei lumi era di quelle;*
> *chi non s'impenna sì che là su voli,*
> *dal muto aspetti quindi le novelle.*
>
> *(Par. 10.70-75)*[159]

Il Sommo Bene che tira a sé le creature di paradiso, non permette a Dante di essere descritto. Una prima ragione è che la sua realtà ineffabile trascende la virtù umana del conoscibile e, nello stato di trascendenza, non concede alla forza descrittiva della mente di significare. Come pure la parola, forma tangibile del pensiero, fallisce nel suo intento comunicativo. Una seconda ragione è che la parola, o linguaggio, che dir si voglia, non ha motivo di esistere in una realtà eterea. Questo per il fatto che il discorso della salvazione degli uomini è espresso in un movimento di ascesa, che va dall'infimo all'eccelso. Una volta che l'ascesa è completa e lo spazio tra le anime e Dio è annullato dal moto unitivo, tale discorso diventa muto, in quanto si unisce al Sommo Bene, vive nel Sommo Bene, che è indefinibile. E, tra l'altro, non vi è ragione di definirlo, visto che le anime entrano a far parte del conoscere al di là dell'intelligenza umana, entrano in quella realtà che non ha bisogno del discorso e della parola, ma che è conoscenza di ogni conoscenza, e sta di sopra di tutto e della conoscenza stessa. Il discorso dantesco del passo sopra riportato è tutto giocato sulla strategia del silenzio per affermare una verità inesprimibile. Intendere ciò che non si può esprimere è privilegio solo di quelle anime che ne fanno diretta esperienza. Lo stesso avviene per la musica, anch'essa forma un tutt'uno con l'ordine morale ineffabile di questo regno, che, per affermarla, bisogna presentarla in forma vaga e incerta. L'incertezza del discorso e della volontà di significare perciò, diventano virtù di *musica mundana* e, come pure, rivelazione dell'essenza di quest'ultima. È una musica fruita in forma di canto, e il canto è uno di quelli propriamente di paradiso "...che tanto vince nostre muse,/nostre serene in quelle dolci tube," (*Par.* 12.7-8). In aggiunta il poeta tiene a precisare al lettore la mole di questo canto: "Li si cantò non Bacco, non Peana,/ma tre persone in divina natura,/e in una persona essa e l'umana." (*Par.* 13.25-27). Il canto dei beati non ha nulla a che vedere con quello umano e con quello del dio Bacco, ma è un canto così diverso e lontano dalla realtà terrena. Esso è un canto che, al di là della sua efficacia purgativa in gran parte manifesta nel *Pur.*, attua quel momento irripetibile di beatitudine ineffabile in diretta unione con Dio. È un coro di voci che canta all'unisono ed effonde bella armonia nel cosmo. L'unisonanza è necessariamente un dato espressivo per la comprensione del discorso musicale. Dante pone molta enfasi su tale fatto, perché attraverso la *modulatio* di suoni diversi si arriva alle leggi fondamentali dell'armonia, del canto in questo caso, che si profilano sotto forma di molteplicità-unità, di *concordia discors*. L'armonia è fonte di felicità, ordine, bellezza e funzionalità. Un quadro delle perfette consonanze non poteva non trovarsi che in *Par.*, luogo dell'armonia cosmica, della musica delle sfere, della musica divina.

In questa parte, ritornando per un attimo sul discorso della trascendenza quale mezzo dialettico nell'affermazione della musica divina, sotto forma di analogia, Dante individua quella parte arcana e incomprensibile che si trova anche nella comune musica strumentale:

> *E come giga e arpa, in tempra tesa*
> *di molte corde, fa dolce tintinno*
> *a tal da cui la nota non è intesa,*
> *così da' lumi che lì m'apparinno*
> *s'accogliea per la croce una melode*
> *che mi rapiva, sanza intender l'inno.*
>
> *(Par. 14.118-23)*

Arcana come la musica strumentale era pure quella "melode che [lo] rapiva senza intender l'inno". Tale motivo è reiterato in modi diversi e parimenti avviene nella rappresentazione del puro linguaggio, che, anch'esso, come la musica e il canto, è munito di una chiara ineffabilità:

> *Indi, a udire e a veder giocondo,*
> *giunse lo spirto al suo principio cose,*
> *ch'io non lo 'ntesi, sì parlò profondo;*
>
> *(Par. 15.37-39)*

Dante sente la necessità di significare ed esprimere ciò che è ineffabile, questo egli lo fa puntualmente e attentamente con una rigorosa tecnica discorsiva, attraverso il risolutivo gesto del silenzio, che è impossibilità di narrare di fronte a quello che vede; perché la mente non regge nell'atto comunicativo e nella volontà di esprimere a parole la divina grandezza. All'inizio del viaggio, Dante non è pienamente consapevole e sicuro di quello che fa. Tale situazione è data dal fatto che la sua anima è "smarrita" dalla "diritta via". Così pure diffidenza ed incertezza del linguaggio del poeta formano, in gran parte, il tessuto narrativo del primo regno e, per un certo verso, del secondo. Una cosa simile si verifica nel *Par.*; ma qui, l'incertezza del linguaggio, non dipende dalla volontà confusa del poeta, ma dalla chiara impossibilità di "ridire", di "significar per verba", perché ciò che dovrebbe essere oggetto della descrizione trascende la virtù conoscitiva del poeta e il potere espressivo della lingua. E la memoria non può ritornar su di se medesima se una virtù superiore non venga in suo aiuto:

> *Io mi rivolsi a l'amoroso suono*
> *del mio conforto; e qual io allor vidi*
> *ne li occhi santi amor, qui l'abbandono:*
> *non perch'io pur del mio parlar diffidi,*
> *ma per la mente che non può ridire*
> *sovra sé tanto, s'altri non la guidi.*
>
> *(Par. 18.7-12)*

La visione di tanta luce divina che raggia in Beatrice, così pure "l'amoroso suono" delle sue parole, sono motivo di incomunicabilità e di elevazione metafisica del linguaggio stesso. Qui si ha "la necessità di sostenere e compiere l'intellettualizzazione del tono linguistico" confacente alla realtà paradisiaca. Il modo efficace che porta a sviluppare tale intellettualizzazione del linguaggio del *Par.* non può meglio essere espresso se non con una conclusiva (ma certa) strategia della rinuncia, che innalza il gesto della significazione al di sopra dei *signa*; e il silenzio, l'insito dato filosofico della compagine linguistica, ne diventa la vera e significativa espressione.

A parte il fatto che in uno stato di trasumanazione "significar *per verba*/non si poria;...", tanto meno vi è ragione di significare, visto che, nel momento in cui l'anima riesce ad innalzarsi al di là dei limiti umani, diventa una cosa sola con Dio, entra a far parte dello stesso Ente Supremo; e il linguaggio, mezzo della comunicazione, desiste dai suoi propositi più immediati, dai suoi propositi espressivi. Il tema della trascendenza, quale dato espressivo del linguaggio, della musica e della poesia stessa, è contenuto principalmente negli ultimi canti del *Par.*. A un lettore attento, di fatto, tale motivo è di una quasi facile comprensione, visto che più il pellegrino si avvicina alla sua meta desiderata e più la forza comunicativa del linguaggio si affievolisce. Lo svolgimento narrativo del poema è giocato sul binomio progressione-eliminazione, parola-silenzio. Da una parte abbiamo una progressione fisica, ma più che fisica, si tratta di una progressione del linguaggio, poiché questo è il tema a cui siamo interessati; cioè un linguaggio che esprima necessariamente una rivelazione messianica, e che sia capace di ridire ciò che non è competenza del linguaggio umano. Dall'altra parte Dante pensa di mantenere il massimo realismo possibile nella narrazione e, quindi, mostrare un'incapacità di raccontare ciò che è al di là delle facoltà conoscitive umane. Questo lo fa sotto l'auspicio della musica. Infatti, la musica del *Par.* può essere affermata solo in una forma trascendentale perché comporta il silenzio; e, come il Sommo Fattore, è tutta ineffabile. Ma non bisogna dimenticare che anche il silenzio ha le sue leggi interne che comportano una dinamica comunicativa, e cioè che anche il silenzio può diventare una forma di comunicazione. Qui ci troviamo di fronte alla "struggente emozione dell'uomo che è capace di intuire la verità di Dio e, nello stesso tempo, è inabile a inserirla e fermarla sostanzialmente e durevolmente nel circolo della propria umanità".[160] Un passo volto a tale intento è quel "...canto tanto divo,/che la mia fantasia nol mi ridice." (*Par.* 24.23-24). L'alternativa di comunicare l'incomunicabile Dante la trova solo rivolgendosi direttamente a Dio, affinché possa lasciare il segno indelebile e comprovare la grandezza divina a "la futura gente":

> *...fa la lingua mia tanto possente,*
> *ch'una favilla sol de la tua gloria*
> *possa lasciare a la futura gente;*
> *ché, per tornare alquanto a mia memoria*
> *e per sonare un poco in questi versi,*
> *più si conceperà di tua vittoria.*
> *(Par. 33.70-75)*

La musica del *Par.* è una musica inebriante. La mente, di fronte all'istinto umano che ha per il suono, soccombe:

> *`Al Padre, al Figlio, a lo Spirito santo',*
> *cominciò, `gloria!', tutto 'l paradiso,*
> *sì che m'inebrïava il dolce canto.*
> *Ciò ch'io vedeva mi sembiava un riso*
> *de l'universo; per che mia ebbrezza*
> *intrava per l'udire e per lo viso.*
> *(Par. 27.1-6)*

Fino a questo punto abbiamo parlato indistintamente della musica di Dio e di Dio stesso; ma bisogna fare attenzione perché non sono la stessa cosa. Infatti ci troviamo di fronte all'esempio e all'esemplare. Di questa distinzione Dante ne dà prova testuale:

> *`udir convienmi ancor come l'essemplo*
> *e l'essemplare non vanno d'un modo,*
> *ché io per me indarno a ciò contemplo'.*
> *(Par. 28.55-57)*

Ma dopo tutto, rimanendo faccia a faccia con l'esemplare, il commiato della *Com.* non poteva non risultare che in un'ineffabile dimostrazione dell'esemplare attraverso il silenzio. Questo avviene prima nel suonar dei "versi" del poeta: "Oh quanto è corto il dire e come fioco/al mio concetto! e questo, a quel ch'i' vidi,/è tanto, che non basta a dicer `poco'. (*Par.* 33.121-23). E poi nella descrizione di Dio: "veder voleva come si convenne/l'imago al cerchio e come vi s'indova;/ma non eran di ciò le proprie penne.../A l'alta fantasia qui mancò possa;" (*Par.* 33.137-42). Con questa conclusione, il realismo linguistico è mantenuto fino in fondo. Dante non dimentica la ragione del suo viaggio, sa chi è il suo lettore e tiene presente che il poema è pane per i denti dei mortali; mortale, poi, in carne e ossa, è Dante stesso. Perciò, cercar di "ridire" quello che la mente non può nell'atto creativo del pensiero sarebbe inutile farlo, poiché la mente del lettore (come pure quella del poeta) è una mente umana, labile e limitata. Lo stesso realismo è constatabile anche musicalmente. Il silenzio (silenzio nel senso di impossibilità espressiva) del suono, del canto, della parola, nel *Par.*, funge da indicatore del limite che, nella sua forma limitativa, diventa contrariamente suprema legge per quello che riguarda la descrizione della *musica mundana*.

Che la struttura della *Com.* sia costituita da componenti musicali è cosa certa, testualmente asserito dallo stesso Dante attraverso passi specifici del poema. Già dalla scelta del linguaggio si capisce che l'obiettivo dantesco punta in tale direzione. Un lettore accorto non lascia passare inosservato i termini musicali che si incontrano in molte parti delle tre cantiche. Essi hanno la funzione di stabilire un discorso di disordine nell'*Inf.*, uno di riordinamento morale e, quindi, di riordinamento musicale (*musica humana*) nel *Pur.* e, infine, uno di ordine cosmico nel *Par.* (*musica mundana*).

Una prima e ineccepibile evidenza del linguaggio musicale adottata nel *Par.* viene fornita da espressioni di alto timbro musicale. Qui di seguito ne elenchiamo solo le più importanti: "Diverse voci fanno dolci note", "Così volgendosi a la nota sua", "tin tin sonando con sì dolce nota,", "li santi cerchi mostrar nova gioia/nel torneare e ne la mira nota", "di molte corde, fa dolce tintinno/a tal da cui la nota non è intesa", "e fece quïetar le sante corde/che la destra del cielo allenta e tira.", "'la voce tua sicura, balda e lieta/suoni la volontà, suoni 'l disio,", "Io vi rivolsi a l'amoroso suono", "per lo candor de la temprata stella", "Prima, cantando, a sua nota moviensi;", "e sonar ne la voce e `io' e `mio',", "uscìva solo un suon di quella image.", "'Quali/son le mie note a te, che non le 'ntendi',", "E come suono al collo de la cetra", "la dolce sinfonia di paradiso", "Se mo sonasser tutte quelle lingue", "Qualunque melodia più dolce suona/ qua giù e più a sé l'anima tira,", "facean sonare il nome di Maria.", "risonò per le spere un `Dio laudamo'/ne la melode che là su si canta.", "...vid'io.../venire a' due che si volgieno a nota", "che si facea nel suon del trino spiro,", "tutti si posano al sonar d'un fischio.", "con esso come nota con suo metro;", "perpetüalemente `Osanna' sberna/con tre melode, che suonano in tree", "e per sonare un poco in questi versi,". Queste citazioni già sono parecchie e molte altre sono state omesse per ragioni di spazio, ma bisogna ricordare che il *Par.* è pieno di questi riferimenti.

130 Raffaele De Benedictis

Anche il richiamo e l'uso di specifici strumenti musicali nello sviluppo narrativo del *Par.* serve a integrare il discorso dell'ordine cosmico, e quindi, della *musica mundana.* Questo Dante lo fa sotto forma analogica. Infatti, per descrivere la perfezione del canto delle anime beate, che appaiono al poeta nel cielo di Marte, il loro canto Dante lo paragona al dolce suono della giga e dell'arpa:

> E come giga e arpa, in tempra tesa
> di molte corde, fa dolce tintinno
> a tal da cui la nota non è intesa,
> così da' lumi che lì m'apparinno
> s'accogliea per la croce una melode
> che mi rapiva, senza intender l'inno.
>
> (Par. 14.118-23)

L'incapacità di intendere e distinguere una nota dall'altra del suono della giga e dell'arpa, fa del "dolce tintinno" virtù divina. Il suono emesso dai suddetti strumenti musicali è termine di paragone dell'indescrivibile ordine morale di quelle anime che vivono nella bontà di Dio e a lui rivelatesi sotto forma di divino e incomprensibile canto. Per Dante l'unica cosa capace di mettere in moto il senso di coscienza verso la grandezza divina è la musica. Cercare di calarsi nelle leggi che governano la musica è un po' come entrare nella mente divina e descriverne approssimativamente le sue qualità. La musica, nella sua essenza, è costituita da un ordine paragonato a quello cosmico. La parte più elementare di questo ordine è il numero, reminiscenza pitagorica dalla quale ebbe origine anche la teoria-numero in musica. Più tardi Platone nel *Timeo* affermò che i rapporti matematici costituivano il principio fondamentale mediante il quale l'*anima mundi* è immanente nel cosmo e gli dà la sua struttura ordinata (35b, 36a). Sempre nel *Timeo*, Platone sostiene che la musica dell'*anima mundi* è inaudibile (37b). Teoria, questa, contestata da Aristotele nel *De caelo* (ii,9,290b 12 ff.). Prima di Platone, Pitagora parla dell'audizione delle sfere. Nel sesto secolo d.C., il neoplatonista Simplicio cercò di riconciliare la posizione negativa di Aristotele sull'armonia delle sfere con quella affermativa pitagorico-platonica. Egli dice che l'audizione pitagorica della musica delle sfere deve essere intesa non come una percezione sensoriale avvertibile attraverso l'apparato uditivo, ma come un atto di discernimento intellettuale dei rapporti armonici che governano tutto l'ordine cosmico.[161]

Anche nella *Com.* si ha un caso simile alla nozione classica, cioè quella nozione di vedere il cosmo, soprattutto nella sua struttura planetaria, come strumento a sette corde, quale metafora musicale del mondo-lira:

> *silenzio pose a quella dolce lira,*
> *e fece quïetar le sante corde*
> *che la destra del cielo allenta e tira.*
>
> *(Par. 15.4-6)*

O si dà il caso che Dante ponga molta enfasi sullo strumento musicale visto come metafora esemplare dell'ordine del mondo:

> *Qualunque melodia più dolce suona*
> *qua giù e più a sé l'anima tira,*
> *parebbe nube che squarciata tona,*
> *comparata al sonar di* quella lira
>
> *(Par. 23.97-100;)*

A caricare la lira di esemplarità è l'aggettivo dimostrativo *quella*, che dà al lettore la sensazione di un'anteriore e scontata conoscenza della sua ineffabilità. Cioè di quella lira che il lettore ha avuto modo di incontrare solo attraverso un'approssimativa discorsività, perché già introdotta dal poeta, ma che in realtà non si conosce nella sua sostanza per la sua natura trascendentale. Quello che il lettore sa della mistica lira è simile alla sensazione che avvolge Dante all'entrata dell'Empireo, cioè la sensazione di un'armonia simile a una "letizia che trascende ogni dolzore".

Altri casi di strumenti a corda si trovano in diversi luoghi; basti ricordare quel "suon al collo de la cetra", oppure il più vigoroso passo: "E come a buon cantor buon citarista/fa seguitar lo guizzo de la corda,/in che più di piacer lo canto acquista" (*Par.* 20.142-44), per spiegare la funzione dell'aquila sulla predestinazione. Il suono giunge alle orecchie del pellegrino come un canto ed è forse il modo più efficace per entrare nelle disquisizioni teologiche di cui il *Par.* è depositario.

Il discorso musicale del *Par.* non si esaurisce solo attraverso il suono o il canto, ma ad affiancarli troviamo anche la danza. Essa è l'ultima prova capace di rendere completo il discorso di ordine nella *Com.*. Nel *Par.* il dato musicale si complica, per così dire, e il simbolo ne detiene l'efficacia espressiva. Di fatto, simbolicamente espressiva è la

danza che, come ha già avuto modo di constatare Raffaello Monterosso, "spesso, nel *Par.*, le immagini musicali sono espresse più attraverso il movimento che non mediante la pura e semplice sensazione
auditiva".[162] Il movimento a cui Monterosso fa riferimento è, in special
modo, quello in funzione della danza. Relativamente ai vari casi di
danza riscontrabili nel *Par.*, Dante fa intendere che la loro struttura
compositiva è prevalentemente fondata sulle leggi musicali; cioè su
quelle leggi alla cui base c'è un rigido e rigoroso rispetto della scienza
numerica. La giusta rispondenza dei movimenti svolti dalla danza costituisce la manifestazione di precise rispondenze numeriche e, quest'ultime, distribuite secondo regole, legano insieme un movimento all'altro,
fino al punto da raggiungere una totale esecuzione euritmica. Il dato
numerico quale legge fondamentale della danza è testualmente asserito
in quel passo in cui Dante costruisce il meccanismo dell'orologio come
espressione simbolica di perfezione numerica che governa la danza:

> *Poi, sì cantando, quelli ardenti soli*
> *si fuor girati intorno a noi tre volte,*
> *come stelle vicine a' fermi poli,*
> *donne mi parver, non da ballo sciolte,*
> *ma che s'arrestin tacite, ascoltando*
> *fin che le nove note hanno ricolte.*
>
> *(Par. 10.76-81)*

Ben poco, in fatto di ordine, risulta irrelato nell'opera dantesca. Così
anche il cerchio e il numero *tre* costituiscono un parametro qualitativo, fanno parte dell'abito mentale del poeta per quello che concerne
la decifrazione della realtà di ordine. Specialmente inerente all'idea di
numero, non possiamo ignorare quanto egli stesso asserisce nel *Conv.*:
"Pittagora...poneva li principii de le cose naturali lo pari e lo dispari,
considerando tutte le cose esser numero" (*Conv.* 2.13.18). Il *tre* è cifra
profetica, simbolo di perfezione che, oltre a contenere una virtù trinitaria, è anche dato referenziale atto a completare la trilogia numerica. Affianco al *due*, (entità di uguaglianza in quanto derivata dal-
l'*uno* ed entità di differenza in quanto partecipe, in parte, della realtà
finita) e all'*uno* (unità divina ed Essenza) il *tre* è referente dell'ordine,
perfezione della realtà temporale, della realtà finita. Di profetica risonanza trinitaria è il risalto che Dante dà ai suddetti numeri nel passo
seguente:

> *Quell'uno e due e tre che sempre vive*
> *e regna sempre in tre e 'n due e 'n uno,*
> *non circunscritto, e tutto circunscrive,*
> *tre volte era cantato da ciascuno*
> *di quelli spirti con tal melodia,*
> *ch'ad ogne merto saria giusto muno.*
>
> *(Par. 14.28-33)*

Il moto circolare della danza non si distacca dal canto delle anime beate, ma con esso si fonde al punto tale da formarne un nesso inscindibile. L'ordine che si avverte nelle sequenze sonore del canto è simile a quello riscontrabile nei movimenti generati dalla danza, che formano una vera e propria esibizione ritmica. Evidenza testuale di tale rilievo è l'episodio in cui San Tommaso pronuncia l'ultima parola dell'apologia di San Francesco:

> *Sì tosto come l'ultima parola*
> *la benedetta fiamma per dir tolse,*
> *a rotar cominciò la santa mola;*
> *e nel suo giro tutta non si volse*
> *prima ch'un'altra di cerchio la chiuse,*
> *e moto a moto e canto a canto colse;*
>
> *(Par. 12.1-6)*

Altri esempi che gettano luce sul canto-danza nel *Par.* e che hanno un rapporto tra di loro sono vari. Che ci sia rapporto tra suono e movimento e che, allo stesso tempo, si tratti di un atto voluto dal poeta è dato certo. Tutto questo per rendere chiara l'importanza della relazionalità tra gli elementi che costituiscono il meccanismo vitale, il meccanismo che, nella sua primaria funzione, è capace di gestire la funzionalità delle cose. In aggiunta a questo, è un dato di fatto la straordinaria sollecitudine per quella che si potrebbe definire la volontà dantesca di ordine cosmico e della scoperta delle sue immanenti e onnipresenti leggi. Tutta la *Com.*, in special modo il *Par.*, è depositaria di tali contenuti. Perciò, luoghi comuni, come quello dell'aquila che canta "roteando", sono nitide testimonianze di una mente quasi ossessionata dall'ordine:

> *Roteando cantava, e dicea: `Quali*
> *son le mie note a te, che non le 'ntendi,*
> *tal è il giudicio etterno a voi mortali'.*
>
> *(Par. 19.97-99)*

Così pure altre immagini dello stesso spessore sono quelle rese dall'Arcangelo Gabriele. Tale intelligenza motrice discende dal cielo e, in forma di corona luminosa, cinge la Vergine girandole intorno velocemente. Al suo movimento veloce, l'Arcangelo fa seguire un canto estremamente dolce:

> `Io sono amore angelico, che giro*
> *l'alta letizia che spira del ventre*
> *che fu albergo del nostro disiro;*
> *e girommi, donna del ciel, mentre*
> *che seguirai tuo figlio, e farai dia*
> *più la spera suprema perché lì entre'.*
> *Così la circulata melodia*
> *si sigillava, e tutti li altri lumi*
> *facean sonare il nome di Maria.*

> *(Par. 23.103-11)*

Dopo aver notato la novità della fiumana luminosa e della rosa celeste, sempre nell'Empireo, il viandante e la sua guida assistono al tripudio degli angeli, che è anch'esso motivo dello stesso colorito tematico. Ovvero, il volo e il canto degli angeli costituiscono lo sfondo narrativo dell'ordine che necessariamente deve regnare nelle cose per una loro salutare e giusta funzionalità. Tutto questo avviene immancabilmente proprio sotto l'effetto di una totale armonia tra movimento e canto:

> *ma l'altra, che volando vede e canta*
> *la gloria di colui che la 'nnamora*
> *e la bontà che la fece cotanta,*
> *sì come schiera d'ape che s'infiora*
> *una fïata e una si ritorna*
> *là dove suo laboro s'insapora,*
> *nel gran fiore discendeva che s'addorna*
> *di tante foglie, e quindi risaliva*
> *là dove 'l süo amor sempre soggiorna.*

> *(Par. 31.4-12)*

L'ordine che emerge dal suddetto passo è sempre gestito dalla famosa dinamica unitiva di allontanamento e ritorno all'essenza, di allontanamento e ritorno a quel principio che è ed è capace di racchiudere tutte le parti del cosmo nella forma di *perfectionem naturae*. Tale principio ha dimora "là dove 'l süo amor sempre soggiorna".

I rilievi testuali che abbiamo avuto modo di esaminare fino a questo punto sono certamente motivo tematico del ridimensionamento, sebbene in chiave figurale, di quell'ordine cosmico che la *Com*., sotto precise tecniche stilistiche e, immancabilmente, con nitide modulazioni narrative, racchiude. Questo Dante non lo poteva fare meglio se non sotto forma musicale. Addirittura la struttura formale della *Com*., oltre a quella tematica, si sottopone all'osservanza delle leggi musicali. Non a caso, attraverso un'operazione di anatomia testuale e individuando gruppi e sottogruppi narrativi dell'opera, il discorso musicale e quello di ordine sono sempre riconoscibili nella dinamica interna del testo. Riconoscibile, prima di ogni cosa, è il numero, strumento e categoria primaria del pensiero dantesco, impronta sulla quale si articola tutto il processo dell'*inventio* e della *dispositio* della *Com*.. Perciò, la nostra ipotesi non può sottrarsi a tale postulato, perché, se altrimenti fosse, risulterebbe refrattaria ad ogni investigazione di stampo numerologico. Infatti è proprio la corroborazione dialettica del numero che fa ritrovare al poeta "la diritta via", un modo espressivo metaforico per alludere alla diritta via dell'ordine universale. Perché, come suona un verso del *Liber Sapientiae* (11.21), Dio ha disposto ogni cosa "*in mensura et numero et pondere*" (in misura, numero e peso). Per Dante, allora, si tratta di ritrovare Dio attraverso un *excursus* oculato dell'ordine delle cose, dell'ordine del mondo. Il fatto che il poeta usi rigidamente i numeri, quasi come preso da desiosa ossessione, dimostra proprio il tentativo di entrare nella logica interna del numero e tracciare, una volta per tutte, sulla mappa itinerale della *Com*., il percorso che porta alla riscoperta dell'ordine del modo, il viaggio che porta a Dio tenendo dietro alla musica; musica vista come espediente di massima virtù espressiva in fatto di ordine cosmico. Allora, la suddivisione in cantiche, canti, terzine, suggerisce proprio un'ipotesi di ordine oltre a quella di allusione trinitaria. Inoltre non possiamo non notare l'implicazione semantica delle parole "cantica" e "canto". Sono infatti gli altri indicatori testuali che segnalano il motivo musicale e strutturale della *Com*.. Poi per non parlare delle virtù numeriche della terzina, dato che in proposito, si è già detto molto in tanti anni di critica dantesca. Qui ricordiamo solo che la terzina è costituita da tre endecasillabi e da un totale di 33 sillabe. La terzina, nella sua struttura numerica dispari, e come dice Guglielmo Gorni, "grazie alla sua istituzionale incompletezza" risulta 'figura metrica dell'infinito'.[163] Cioè proprio di un ordine numerico, di un ordine musicale che si esterna nella sua natura infinita.

CONCLUSIONE

Con questo studio abbiamo voluto affrontare il tema musicale della *D.C.*, per la ragione che (e la critica dantesca lo conferma) non esisteva, per lo meno in forma unitaria e strutturale, uno studio completo relativo alla musica del poema. Ovvero, una ricerca che gettasse luce sulle varie tappe ed episodi musicali che la caratterizzano. Sebbene la critica del passato, così pure, e non di meno, la critica contemporanea, abbiano favorito e, in un certo senso, battuto un terreno vergine in tale direzione, restava, tuttavia, il compito di esaminare se le tante unità musicali, formali e contenutistiche che dir si voglia, si rivelassero quali evidenze attendibili capaci di orientare la critica dantesca verso la scoperta di nuove realtà testuali del poema. Con tale intento e attraverso collegamenti, agganci, rimandi e raffronti si è riusciti ad individuare un piano, apparentemente poco significativo, di collegamento, che fa rivivere, senza forzatura alcuna, le tante reminiscenze musicali. E quest'ultime, a loro volta, capaci di ricomporre un ordine in assoluto, sia formale che tematico, al punto tale da rendere la musica, nella sua funzione primaria, elemento strutturale della *Com.*.

Quello che siamo riusciti a concludere è che il tema musicale è onnipresente nel poema e si manifesta attraverso molteplici realtà situazionali: come tematica di fondo di un determinato canto, episodio, sequenza narrativa; e come *leitmotiv* dello sfondo tematico-formale di ogni singolo regno. Di fatto, e vale qui ripeterlo, la musica dell'*Inf.*, per esempio, è una musica delle assenze sonore perché il suono è nonsuono; esso è rumore generato dall'astiosità e laidume delle anime prave. Il rumore infernale, perciò, a volte si presenta quale motivo dominante, altre come sfondo tematico, sia del singolo episodio che della cantica intera. Lo stesso avviene per il *Pur.* e il *Par.*; solo che nel *Pur.* assistiamo a un processo graduale di *emendatio* musicale fino a raggiungere il grado desiderato; ossia quel grado mediante il quale Dante, con innumerevoli peripezie, riesce a penetrare il mistero del divino. Appena il poeta entra nella dimensione anagogica, la sua espressione, il suo modo di significare, sono anch'essi anagogici; così che, in questi dati linguistici, troviamo le tracce di una musica tutta anagogica che, da un lato, deve significare per essere compresa dalle menti umane (significare in modo limitato e approssimativo) e, quindi, avere le doti di una virtù discorsiva, capace di ridire quel che non si può; dall'altro deve trascendere tale virtù per esprimere l'indescrivibile e l'infinita grandezza divina che, appunto, avviene proprio attraverso questa musica del *Par.*.

Benché tale studio sia il presupposto di una osservazione totale del tema musicale, non significa che esso abbia risolto e chiuso, una volta per tutte, il discorso musicale sulla *Com.*; anzi, ne costituisce solo un'avviamento critico volto in tale direzione. Infatti, c'è ancora molto da esplorare. Per esempio, si potrebbe studiare come avviene lo sviluppo e la gestione della musica per ogni episodio in tutte e tre le cantiche. Come pure il tipo di rapporto che emerge dalla loro comune tematica e le tecniche testuali che vi si riscontrano.

Merito di tale ricerca, quantunque modesto, è più che altro quello di aver aperto in una direzione nuova il modo di valutare e comprendere la musica della *Com.*. Alle singole e distaccate valutazioni musicali che la critica dantesca ha offerto fino ad oggi, abbiamo cercato di rispondere con una nuova impronta critica che, nella sua fattispecie, fornisse una prospettiva chiara, articolata e integrale della musica. Inoltre si è dimostrato che il tema musicale non è solo un dato che emerge quale sporadica presenza narrativa, bensì indica testualmente quei punti che (sebbene non siano gli unici in tutto il poema, ma acquistano una certa importanza testuale per il semplice fatto di averli accostati gli uni agli altri, e di averli considerati in tale prospettiva), collegano le varie isole tematiche in un nesso armonico e ordinato, capace di portare alla luce il dato musicale come fattore strutturale e principio di ordine delle cose ivi narrate. Dante stesso in *Conv.* 2.11.9 ci invita a leggere la sua poesia in filigrana musicale: "O uomini, che vedere non potete la sentenza di questa canzone, non la rifiutate però; ma ponete mente a la sua bellezza, ch'è grande sì per costruzione, la quale si pertiene a li grammatici, sì per l'ordine del sermone, che si pertiene a li rettorici, sì per lo numero de le sue parti, che si pertiene a li musici. Le quali cose in essa si possono belle vedere, per chi ben guarda".

APPENDICE

Luoghi musicali nella *Divina commedia*

INFERNO

Mi ripigneva là, dove 'l sol tace

(1.60)

ove udirai le disperate strida,
vedrai li antichi spiriti dolenti,
ch'a la seconda morte ciascun grida;

(1.115-17)

"l'anima tua è da viltade offesa;"

(2.45)

Lucevan li occhi suoi più che la stella;
e cominciommi a dir soave e piana,
con angelica voce in sua favella: .

(2.55-57)

Or movi, e con la tua parola ornata

(2.67)

Non odi tu la pieta del suo pianto,

(2.106)

Tu m'hai con disiderio il cor disposto
sì al venir con le parole tue,

(2.136-37)

Quivi sospiri, pianti e alti guai
risonavan per l'aere sanza stelle,

....

Diverse lingue, orribili favelle,
parole di dolore, accenti d'ira,
voci alte e fioche, e suon di man con elle
facevano un tumulto, il qual s'aggira
sempre in quell'aura sanza tempo tinta,

(3.22-29)

un vecchio, bianco per antico pelo,
gridando: "Guai a voi, anime prave!"

(3.83-84)

Ma quell'anime, ch'eran lasse e nude,
cangiar colore e dibattero i denti,
ratto che 'nteser le parole crude.

(3.100-102)

"ben puoi sapere omai che 'l suo dir suona".

(3.129)

un greve truono, sì ch'io mi riscossi

(4.2)

che 'ntrono accoglie d'infiniti guai.

(4.9)

Quivi, secondo che per ascoltare,
non avea pianto mai che di sospiri
che l'aura etterna facevan tremare;

(4.25-27)

Genti v'eran con occhi tardi e gravi,
di grande autorità ne' lor sembianti:
parlavan rado, con voci soavi.

(4.112-114)

Stavvi Minòs orribilmente, e ringhia:
essamina le colpe ne l'intrata;

(5.4-5)

Or incomincian le dolenti note
a farmisi sentire; or son venuto
là dove molto pianto mi percuote.

(5.25-27)

Io venni in loco d'ogne luce muto,
che mugghia come fa mar per tempesta,

(5.28-29)

quivi le strida, il compianto, il lamento;
bestemmian quivi la virtù divina.

(5.35-36)

E come i gru van cantando lor lai,
faccendo in aere di sé lunga riga,
così vid'io venir, traendo guai,

(5.46-48)

sì forte fu l'affettuoso grido.

(5.87)

Cerbero, fiera crudele e diversa,
con tre gole caninamente latra

(6.13-14)

Urlar li fa la pioggia come cani;

(6.19)

Qual è quel cana ch'abbaiando agogna,

(6.28)

l'anime sì, ch'esser vorrebber sorde.

(6.33)

Qui puose fine al lagrimabil suono.

(6.76)

E 'l duca disse a me: "Più non si desta
di qua dal suon dell'angelica tromba,

(6.94-95)

"Pape Satan, pape Satan aleppe!",
cominciò Pluto con la voce chioccia;

(7.1-2)

Qui vid' i' gente più ch'altrove troppa,
e d'una parte e d'altra, con grand' urli,

(7.25-26)

Così tornavan per lo cerchio tetro
da ogne mano a l'opposito punto,
gridandosi anche loro ontoso metro;

(7.31-33)

Assai la voce lor chiaro l'abbaia,

(7.43)

"Quest'inno si gorgoglian ne la strozza,
ché dir non posson con parola integra".

(7.125-26)

sotto 'l governo d' un sol galeotto,
che gridava: "Or se' giunta, anima fella!".

(8.17-18)

Pensa, lettor, se io mi sconfortai
nel suon de le parole maladette,

(8.94-95)

battiensi a palme e gridavan sì alto,

(9.50)

mirate la dottrina che s'asconde
sotto 'l velame de li versi strani.

(9.62-63)

E già venìa per le torbide onde
un fracasso d'un suon, pien di spavento,

(9.64-65)

Tutti li lor coperchi eran sospesi,
e fuor n'uscivan sì duri lamenti,

(9.121-22)

E io: "Maestro, quai son quelle genti
che, seppellite dentro da quell'arche,
si fan sentir coi sospiri dolenti?".

(9.124-26)

Ma dimmi: quei de la palude pingue,
che mena il vento, e che batte la pioggia,
e che s'incontran con sì aspre lingue,

(11.70-72)

Tal si partì da cantare alleluia

(12.88)

dove i bolliti facieno alte strida.

(12.102)

Quivi si piangon li spietati danni;

(12.106)

fanno lamenti in su li alberi strani.

(13.15)

Io sentia d'ogne parte trarre guai

(13.22)

Come d'un stizzo verde ch'arso sia
da l'un de' capi, che da l'altro geme
e cigola per vento che va via,

(13.40-42)

..."Sì col dolce dir m'adeschi,"

(13.55)

...noi fummo d'un romor sorpresi,
similmente a colui che venire
sente 'l porco e la caccia a la sua posta,
ch'ode le bestie, e le frasche stormire.

(13.111-14)

ma più al duolo avea la lingua sciolta.

(14.27)

Già era in loco onde s'udia 'l rimbombo
de l'acqua che cadea ne l'altro giro,
simile a quel che l'arnie fanno rombo,

(16.1-3)

Ricominciar, come noi restammo, ei
l'antico verso; ...

(16.19-20)

Io lo seguiva, e poco eravam iti,
che 'l suon de l'acqua n'era sì vicino,
che per parlar saremmo a pena uditi.
Come quel fiume...
che si chiama Acquacheta suso, avante
che si divalli giù nel basso letto,
e a Forlì di quel nome è vacante,
rimbomba là sovra San Benedetto
de l'Alpe per cadere ad una scesa
ove dovea per mille esser ricetto;
così, giù d'una ripa discoscesa,
trovammo risonar quell'acqua tinta,
sì che 'n poc' ora avria l'orecchia offesa.
(16.91-105)

.... e per le note
di questa comedìa, lettor ti giuro,
(16.127-28)

però ch'i' vidi fuochi e senti' pianti;
(17.122)

come che suoni la sconcia novella.
(18.57)

Quindi sentimmo gente che si nicchia
ne l'altra bolgia e che col muso scuffa,
(18.103-104)

or convien che per voi suoni la tromba,
(19.5)

Di nova pena mi conven far versi
e dar matera al ventesimo canto
de la prima canzon, ch'è d'i sommersi.
(20.1-3)

e vidi gente per lo vallon tondo
venir, tacendo e lagrimando, al passo
che fanno le letane in questo mondo.
(20.7-9)

ma prima avea ciascun la lingua stretta
coi denti, verso lor duca, per cenno;
ed elli avea del cul fatto trombetta.
(21.137-39)

quando con trombe, e quando con campane,
con tamburi e con cenni di castella,

(22.7-8)

ché com' i' odo quinci e non intendo,

(24.74)

Lo maggior corno de la fiamma antica
cominciò a crollarsi mormorando,
pur come quella cui vento affatica;
indi la cima qua e là menando,
come fosse la lingua che parlasse,
gittò voce di fuori e disse:...

(26.85-90)

Li miei compagni fec' io sì aguti,
con questa orazion picciola, al cammino,

(26.121-22)

per un confuso suon che fuor n'uscia.

(27.6)

Allor puose la mano a la mascella
d'un suo compagno e la bocca li aperse,
gridando:...

(28.94-96)

con la lingua tagliata ne la strozza

(28.101)

lamenti saettaron me diversi,
che di pietà ferrati avean li strali;
ond' io li orecchi con le mani copersi.

(29.43-45)

Io vidi un, fatto a guisa di lëuto,

(30.49)

col pugno li percorse l'epa croica.
Quella sonò come fosse un tamburo;

(30.102-103)

ma io senti' sonare un alto corno,

(31.12)

"Raphèl maì amècche zabì almi",
cominciò a gridar la fiera bocca,
cui non si convenia più dolci salmi.
(31.67-69)

questi è Nembrotto per lo cui mal coto
pur un linguaggio nel mondo non s'usa.
(31.77-78)

S'ïo avessi le rime aspre e chiocce,
come si converrebbe al tristo buco
(32.1-2)

Ma quelle donne aiutino il mio verso
ch'aiutaro Anfïone a chiuder Tebe,
sì che dal fatto il dir non sia diverso.
(32.10-12)

non avria pur da l'orlo fatto cricchi.
E come a gracidar si sta la rana
(32.30-31)

mettendo i denti in nota di cicogna.
(32.36)

non ti basta sonar con le mascelle,
(32.107)

"Ecco Dite", dicendo, "ed ecco il loco
ove convien che di fortezza t'armi".
Com'io divenni allor gelato e fioco,
nol dimandar, lettor, ch'i' non lo scrivo,
però ch'ogne parlar sarebbe poco.
(34.20-24)

Con sei occhi piangëa, e per tre menti
gocciava 'l pianto e sanguinosa bava.
Da ogne bocca dirompea co' denti
un peccatore, a guisa di maciulla,
sì che tre ne facea così dolenti.
(34.53-57)

Luogo è là giù da Belzebù remoto
tanto quanto la tomba si distende,
che non per vista, ma per suono è noto
(34.127-129)

PURGATORIO

Ma qui la morta poesì resurga,
o sante Muse, poi che vostro sono;
e qui Calïopè alquanto surga,
seguitando il mio canto con quel suono
di cui le Piche misere sentiro
lo colpo tal, che disperar perdono.

(1.7-12)

`In exitu Isräel de Aegypto'
cantavan tutti insieme ad una voce
con quanto di quel salmo è poscia scripto.

(2.46-48)

E io: "se nuova legge non ti toglie
memoria o uso a l'amoroso canto
che mi solea quetar tutte le mie doglie,"

....

Amor che ne la mente mi ragiona
cominciò elli allor sì dolcemente,
che la dolcezza ancor dentro mi suona.

(2.106-13)

E però, quando s'ode cosa o vede
che tegna forte a sé l'anima volta,
vassene 'l tempo e l'uom non se n'avvede;
ch'altra potenza è quella che ascolta,
e altra è quella c'ha l'anima intera:

(4.7-11)

Al suon di lei ciascun di noi si torse,

(4.100)

Li occhi rivolsi al suon di questo motto,

(5.7)

E 'ntanto per la costa di traverso
venivan genti innanzi a noi un poco,
cantando `Miserere' a verso a verso.
Quando s'accorser ch'i' non dava loco
per lo mio corpo al trapassar d'i raggi,
mutar lo canto in un "oh!" lungo e roco;

(5.22-27)

"O anima che vai per esser lieta
con quelle membra con le quali nascesti",
venian gridando,...

(5.46-48)

Quivi perdei la vista e la parola;
nel nome di Maria fini', e quivi
caddi, e rimase la mia carne sola.
Io dirò vero, e tu 'l ridì tra ' vivi:
l'angel di Dio mi prese, e quel d'inferno
gridava: "O tu del ciel, perché mi privi?

(5.100-05)

Quell'anima gentil fu così presta,
sol per lo dolce suon de la sua terra,

(6.79-80)

Molti rifiutan lo comune incarco;
ma il popol tuo solicito risponde
sanza chiamare, e grida: "I' mi sobbarco!".

(6.133-35)

"S'io son d'udir le tue parole degno,
dimmi se vien d'inferno, e di qual chiostra".

(7.20-21)

`Salve, Regina' *in sul verde e 'n su' fiori*
quindi seder cantando anime vidi,

(7.82-83)

Anche al nasuto vanno mie parole
non men ch'a l'altro, Pier, che con lui canta,
onde Puglia e Proenza già si dole.

(7.124-26)

e che lo novo peregrin d'amore
punge, se ode squilla di lontano
che paia il giorno pianger che simore;
quand'io incominciai a render vano
l'udire e a mirare una de l'alme
surta, che l'ascoltar chiedea con mano.

(8.4-9)

`Te lucis ante' *sì devotamente*
le uscìo di bocca e con sì dolci note,
che fece me a me uscir di mente;

(8.13-15)

Lettor, tu vedi ben com'io innalzo
la mia matera, e però con più arte
non ti maravigliar s'io la rincalzo.

(9.70-72)

E quando fuor ne' cardini distorti
li spigoli di quella regge sacra,
che di metallo son sonanti e forti,
non rugghiò sì né si mostrò sì acre
Tarpëa, come tolto le fu il buono
Metello, per che poi rimase macra.
Io mi rivolsi attento al primo tuono,
e `Te Deum laudamus' *mi parea*
udire in voce mista al dolce suono.
....
quando a cantar con organi si stea;
ch'or sì or no s'intendon le parole.

(9.133-45)

Poi fummo dentro al soglio de la porta
che 'l mal amor de l'anime disusa,
perché fa parer dritta la via torta,
sonando la senti' esser richiusa;

(10.1-4)

Dinanzi parea gente; e tutta quanta,
partita in sette cori, a' due mie' sensi
faceva dir l'un `No', *l'atro* `Sì, canta'.

(10.58-60)

Come del suo voler li angeli tuoi
fan sacrificio a te, cantando osanna,
così facciano li uomini de' suoi.

(11.10-12)

Ben si de' loro atar lavar le note
che portar quinci, sì che, mondi e lievi,
possano uscire a le stellate ruote.

(11.34-36)

Non è il mondan romore altro ch'un fiato
di vento, ch'or vien quinci e or vien quindi,
e muta nome perché muta lato.
Che voce avrai tu più, se vecchia scindi
da te la carne, che se fossi morto
anzi che tu lasciassi il `pappo' e `l `dindi',

(11.100-05)

Noi volgendo ivi le nostre persone,
`beati pauper spiritu!' voci
cantaron sì, che nol diria sermone.
Ahi quanto son diverse quelle foci
da l'infernali! ché quivi per canti
s'entra, e là giù per lamenti feroci.

(12.109-14)

e verso noi volar furon sentiti,
non però visti, spiriti parlando
a la mensa d'amor cortesi inviti.
La prima voce che passò volando
`Vinum non habent' altamente disse,
e dietro a noi l'andò reïterando.

(13.25-30)

Lo fren vuol esser del contrario suono;
credo che l'udirai, per mio avviso,
prima che giunghi al passo del perdono.

(13.40-42)

E poi che fummo un poco più avanti,
udia gridar: `Maria, òra per noi':
gridar `Michele' e `Pietro' e `Tutti santi'.

(13.49-51)

"Di sovr'esso rech'io questa persona:
dirvi ch'i' sia, saria parlare indarno,
ché 'l nome mio ancor molto non suona".

(14.19-21)

Noi sapavam che quell'anime care
ci sentivano andar; però, tacendo,
facëan noi del cammin confidare.

(14.127-29)

....
e fuggì come tuon che si dilegua,
....
ed ecco l'altra con sì gran fracasso,
che somigliò tonar che tosto segua:

(14.134-38)

Già era l'aura d'ogne parte queta;

(14-142)

"Tosto sarà ch'a veder queste cose
non ti fia grave, ma fieti diletto
quanto natura a sentir ti dispuose".
Poi giunti fummo a l'angel benedetto,
con lieta voce disse: "Intrate quinci
ad un scaleo vie men che li altri eretto".
Noi montavam, già partiti di linci,
e `Beati misericordes!' fue
cantanto retro, e `Godi tu che vinci!'.

(15.31-39)

e una donna, in su l'entrar, con atto
dolce di madre dicer:"Figliuol mio,
perché hai tu così verso noi fatto?"

(15.88-90)

orando a l'alto Sire, in tanta guerra,
che perdonasse a' suoi persecutori,
con quello aspetto che pietà diserra.

(15.112-14)

Io sentia voci, e ciascuna pareva
pregar per pace e per misericordia
L'Agnel di Dio che le peccata leva.
Pur `Agnus Dei' eran le loro essordia;
una parola in tutte era e un modo,
sì che parea tra esse ogne concordia.

(16.16-21)

E io: "O creatura che ti mondi
per tornar bella a colui che ti fece,
maraviglia udirai, se mi secondi".
"Io ti seguiterò quanto mi lece",
rispuose; "e se veder fummo non lascia,
l'udir ci terrà giunti in quella vece".

(16.31-36)

Alto sospir, che duolo strinse in "uhi!",
mise fuor prima; e poi cominciò: "Frate,
lo mondo è cieco, e tu vien ben da lui.

(16.64-66)

"Or accordiam a tanto invito il piede;
procacciam di salir pria che s'abbui,
che poi non si poria, se 'l dì non riede".

(17.61-63)

Questo triforme amor qua giù di sotto
si piange: or vo' che tu de l'altro intende,
che corre al ben con ordine corrotto.

(17.124-26)

Tosto fur sovr' a noi, perché correndo
si movea tutta quella turba magna;
e due dinanzi gridavan piangendo:

(18.97-99)

mi venne in sogno una femmina balba,
ne li occhi guercia, e sovra i piè distorta,
con le man monche, e di colore scialba.

(19.7-9)

Poi ch'ell' avea 'l parlar così disciolto,
cominciava a cantar sì, che con pena
da lei avrei mio intento rivolto.
"Io son", cantava, "io son dolce serena,
che 'marinari in mezzo mar dismago;
tanto son di piacere a sentir piena!
Io volsi Ulisse del suo cammin vago
al canto mio; e qual meco s'ausa,
rado sen parte; sì tutto l'appago!".

(19.16-24)

quand'io udi' "Venite; qui si varca"
parlare in modo soave e benigno,
qual non si sente in questa mortal marca.

(19.43-45)

'Adhaesit pavimento anima mea'
sentia dir loro con sì alti sospiri,
che la parola a pena s'intendea.

(19.73-75)

Se mai quel santo evangelico suono
che dice `Neque nubent` *intendesti,*
ben puoi veder perch'io così ragiono.

(19.136-38)

Noi andavam con passi lenti e scarsi,
e io attento a l'ombre, ch'i' sentia
pietosamente piangere e lagnarsi;
e per ventura udi' "Dolce Maria!"
dinanzi a noi chiamar così nel pianto
come fa donna che in parturir sia;

(20.16-21)

`Gloria in excelsis` *tutti* `Deo`
dicean, per quel ch'io da' vicin compresi,
onde intender lo grido si poteo.

(20.136-38)

Quei cominciò: "Cosa non è sanza
ordine senta la religïone
de la montagna, o che sia fuor d'usanza.
Libero è qui da ogne alterazione:
di quel che 'l ciel da sé in sé riceve
esser ci puote, e non d'altro, cagione.

(21.40-45)

"Tanto fu dolce mio vocale spirto,
che, tolosano, a sé mi trasse Roma,
dove mertai le tempie ornar di mirto.

(21.88-90)

e quei c'hanno a giustizia lor disiro
detto n'avea beati, e le sue voci
con `sitiunt` *sanz'altro, ciò forniro.*

(22.4-6)

"Or quando tu cantasti le crude armi
de la doppia tristizia di Giocasta",
disse 'l cantor de' buccolici carmi,

(22.55-57)

Elli givan dinanzi, e io soletto
di retro, e ascoltava i lor sermoni,
ch'a poetar mi davano intelletto.

(22.127-29)

Ed ecco piangere e cantar s'udìe
`Labia mëa, Domine' per modo
tal, che diletto e doglia parturìe.
(23.10-12)

Mai non l'avrei riconosciuto al viso;
ma ne la voce sua mi fu palese
ciò che l'aspetto in sé avea conquiso.
(23.43-45)

Tutta esta gente che piangendo canta
per seguitar la gola oltra misura,
in fame e 'n sete qui si rifà santa.
(23.64-66)

Ma dì s'i' veggio qui colui che fore
trasse le nove rime, cominciando
"`Donne ch'avete intelletto d'amore'".
(24.48-50)

`Summa Deus clementïae' nel seno
al grande ardore allora udi' cantando,
che di volger mi fé caler non meno;
(25.121-23)

Indi al cantar tornavano; indi donne
gridavano e mariti che fuor casti
come virtute e matrimonio imponne.
(25.133-35)

l'una gente sen va, l'altra sen vene;
e tornar, lagrimando, a' primi canti
e al gridar che più lor si convene;
(26.46-48)

Ed elli a me: "Tu lasci tal vestigio,
per quel ch'i' odo, in me, e tanto chiaro,
che Letè nol può tòrre né far bigio".
(26.106-08)

E io a lui: *"Li dolci detti vostri,*
che, quanto durerà l'uso moderno,
faranno cari ancora i loro incostri".

....

A voce più ch'al ver drizzan li volti,
e così ferman sua oppinïone
prima ch'arte o ragion per lor s'ascolti.

(26.112-23)

El cominciò liberamente a dire:
"Tan m'abellis vostre cortes deman,
qu'ieu no me puesc ni voill a vos cobrire.

Ieu sui Arnaut, que plor e vau cantan;
consiros vei la passada flor,
e vei jausen lo joi qu'esper, denan.

Ara vos prec, per acquella valor
que vos guida al som de l'escalina,
sovenha vos a temps de ma dolor!".

(26.139-47)

"Fuor de la fiamma stava in su la riva,
e cantava `Beati mundo corde!'
in voce assai più che la nostra viva.

....

e al cantar di là non siate sorde",

(27.7-12)

Guidavaci una voce che cantava
di là; e noi, attenti pur a lei,
venimmo fuor là ove si montava.

`Venite, benedicti Patris mei',
sonò dentro a un lume che lì era,
tal che mi vinse e guardar nol potei.

(27.55-60)

ma con piena letizia l'ore prime,
cantando, ricevieno intra le foglie,
che tenevan bordone a le sue rime,

(28.16-18)

una donna soletta che si gia
e cantando e sciegliendo fior da fiore
ond'era pinta tutta la sua via.

(28.40-42)

e fece i prieghi miei esser contenti,
sì appressando sé, che 'l dolce suono
veniva a me co' suoi intendimenti.
(28.58-60)

"ma luce rende il salmo Delectasti,
che puote disnebbiar vostro intelletto."
(28.79-80)

"L'acqua" diss'io, "e 'l suon de la foresta
impugnan dentro a me novella fede
di cosa ch'io udi' contraria a questa".
(28.85-87)

in questa altezza ch'è tutta disciolta
ne l'aere vivo, tal moto percuote,
e fa sonar la selva perch'è folta;
(28.106-08)

Cantando come donna innamorata,
continüò col fin di sue parole:
`Beati cuorum tecta sunt peccata!'.
(29.1-3)

E una melodia dolce correva
per l'aere luminoso; onde buon zelo
mi fé riprender l'ardimento d'Eva,
(29.22-24)

dinanzi a noi, tal quale un foco acceso,
ci si fé l'aere sotto i verdi rami;
e 'l dolce suon per canti era già inteso.
(29.34-36)

la virtù ch'a ragion discorso ammanna,
sì com'elli eran candelabri apprese,
e ne le voci del cantare `Osanna'.
(29.49-51)

Tutti cantavan: "Benedicta tue
ne le figlie d'Adamo, e benedette
sieno in etterno le bellezze tue!".
(29.85-87)

e un di loro, quasi da ciel messo,
`Veni, sponsa, de Libano' cantando
gridò tre volte, e tutti li altri appresso.

(30.10-12)

cotali in su la divina basterna
si levar cento, ad vocem tanti senis,
ministri e messagier di vita etterna.
Tutti dicean: `Benedictus qui venis!',
e fior gittando e di sopra e dintorno,
`Manibus, oh, date lilïa plenis!'.

(30.16-21)

Ella si tacque; e li angeli cantaro
di sùbito `In te, Domine, speravi';
ma oltre `pedes meos' non passaro.

(30.82-84)

così fui sanza lagrime e sospiri
anzi 'l cantar di quei che notan sempre
dietro a le note de li etterni giri;
ma poi che 'ntesi ne le dolci tempre
lor compartire a me, par che se detto
avesser: `Donna, perché sì lo stempre?',

(30.91-96)

Quando fui presso a la beata riva,
`Asperger me' sì dolcemente udissi,
che nol so rimembrar, non ch'io lo scriva.

(31.97-99)

Così cantando cominciaro; e poi
al petto del grifon seco menarmi,
ove Beatrice stava volta a noi.

(31.112-14)

"Volgi, Beatrice, volgi li occhi santi",
era la sua canzone, "al tuo fedele
che, per vederti, ha mossi passi tanti!"

(31.133-35)

O isplendor di viva luce etterna,
chi palido si fece sotto l'ombra
sì di Parnaso, o bevve in sua cisterna,
che non paresse aver la mente ingombra,
tentando a render te qual tu paresti
là dove armonizzando il ciel t'adombra,
quando ne l'aere aperto ti solvesti?

(31.139-45)

Sì passeggiando l'alta selva vòta,
colpa di quella ch'al serpente crese,
temprava i passi un'angelica nota.

(32.31-33)

Io non lo 'ntesi, né qui non si canta
l'inno che quella gente allor cantaro,
né la nota soffersi tutta quanta.

(32.61-63)

"Vedi la compagnia che la circonda:
li altri dopo 'l grifon sen vanno suso
con più dolce canzone e più profonda".

(32.88-90)

`Deus, venerunt gentes', alternando
or tre or quattro dolce salmodia,
le donne incominciaro, e lagrimando;

(33.1-3)

PARADISO

Quando la rota che tu sempiterni
desidarato, a sé mi fece atteso
con l'armonia che temperi e discerni,

(1.76-78)

La novità del suono e 'l grande lume
di lor cagion m'accesero un disio
mai non sentito di cotanto acume.

(1.82-84)

..."Le cose tutte quante
hanno ordine tra loro, e questo è forma
che l'universo a Dio fa simigliante."

(1.103-105)

"O ben creato spirito, che a' rai
di vita etterna la dolcezza senti
che, non gustata, non s'intende mai,"

(3.37-39)

Così parlommi, e poi cominciò 'Ave
Maria' cantando, e cantando vanio
come per acqua cupa cosa grave.

(3.121-23)

ma tutti fanno bello il primo giro,
e differentemente han dolce vita
per sentir più e men l'etterno spiro.

(4.34-36)

e forse sua sentenza è d'altra guisa
che la voce non suona, ed esser puote
con intenzion da non esser derisa.

(4.55-57)

S'elli intende tornare a queste ruote
l'onor de la influenza e 'l biasmo, forse
in alcun vero suo arco percuote.

(4.58-60)

Io veggio ben sì come già risplende
ne l'intelletto tuo l'etterna luce,
che, vista, sola e sempre amore accende;

(5.7-9)

Sì cominciò Beatrice questo canto;
e sì com'uom che suo parlar non spezza,
continüò così 'l processo santo:

(5.16-18)

nel modo che 'l seguente canto canta.

(5.139)

Da indi scese folgorando a Iuba;
onde si volse nel vostro occidente,
ove sentia la pompeana tuba.

(6.70-72)

Di quel che fé col baiulo seguente,
Bruto con Cassio ne l'inferno latra,
e Modena e Perugia fu dolente.

(6.73-75)

Diverse voci fanno dolci note;
così diversi scanni in nostra vita
rendon dolce armonia tra queste rote.

(6.124-26)

"Osanna sanctus Deus sabaòth,
superilustrans claritate tua
felices ignes horum malacòth!".
Così, volgendosi a la nota sua,
fu viso a me cantare essa sustanza,
sopra la qual doppio lume s'addua;

(7.1-6)

Io dubitava e dicea `Dille, dille!'
fra me, `dille' dicea, `a la mia donna
che mi diseta con e dolci stille'.
Ma quella reverenza che s'indonna
di tutto me, pur per Be *e per* ice,
mi richinava come l'uom ch'assonna.

(7.10-15)

per che non pur a lei faceano onore
di sacrificio e di votivo grido
le genti antiche ne l'antico errore;

(8.4-6)

E come in fiamma favilla si vede,
e come in voce voce si discerne,
quand'una è ferma e altra va e riede,

(8.16-18)

e dentro a quei che più innanzi apparìro
sonava `Osanna' sì, che unque poi
di rïudir non fui sanza disiro.

(8.28-30)

"`Voi che 'ntendendo il terzo ciel movete';
e sem sì pien d'amor, che, per piacerti,
non fia men dolce un poco di quïete".

(8.37-39)

Onde la luce che m'era ancora nova,
del suo profondo ond'ella pria cantava,
seguette come a cui di ben far giova:

(9.22-24)

Dunque la voce tua, che 'l ciel trastulla
sempre col canto di quei fuochi pii
che di sei ali facen la coculla,

(9.76-78)

quanto per mente e per loco si gira
con tant'ordine fé, ch'esser non puote
sanza gustar di lui chi ciò rimira.
Leva dunque, lettore, a l'alte rote
meco la vista, dritto a quella parte
dove l'un moto e l'altro si percuote;

(10.4-9)

Io vidi più folgór vivi e vincenti
far di noi centro e di sé far corona,
più dolci in voce che in vista lucenti:

(10.64-66)

e 'l canto di quei lumi era di quelle;
chi non s'impenna sì che là sù voli,
dal muto aspetti quindi le novelle.

(10.73-75)

donne mi parver, non da ballo sciolte,
ma che s'arrestin tacite, ascoltando
fin che le nove note hanno ricolte.

(10.79-81)

che l'una parte e l'altra tira e urge,
tin tin sonando con sì dolce nota,
che 'l ben disposto spirto d'amor turge;
così vid'ïo la gloriosa rota
muoversi e render voce a voce in tempra
e in dolcezza ch'esser non pò nota
se non colà dove gioir s'insempra.

(10.142-48)

né valse udir che la trovò sicura
con Amiclate, al suon de la sua voce,
colui ch'a tutto 'l mondo fé paura;

(11.67-69)

Poi che la gente poverella crebbe
dietro a costui, la cui mirabil vita
meglio in gloria del ciel si canterebbe,

(11.94-96)

e nel suo giro tutta non si volse
prima ch'un'altra di cerchio la chiuse,
e moto a moto e canto a canto colse;
canto che tanto vince nostre muse,
nostre serene in quelle dolci tube,

(12.4-8)

Poi che 'l tripudio e l'altra festa grande,
sì del cantare e sì del fiammeggiarsi
luce con luce gaudïose e blande,

(12.22-24)

e avrà quasi l'ombra de la vera
costellazione e de la doppia danza
che circulava il punto dov'io era:

....

Lì si cantò non Bacco, non Peana,
ma tre persone in divina natura,
e in una persona essa e l'umana.

(13.19-27)

Come, da più letizia pinti e tratti,
a la fïata quei che vanno a rota
levan la voce e rallegrano li atti,
così, a l'orazion pronta e divota,
li santi cerchi mostrar nova gioia
nel torneare e ne la mira nota.

(14.19-24)

tre volte era cantato da ciascuno
di quelli spirti con tal melodia,
ch'ad ogne merto saria giusto muno.

(14.31-33)

Tanto mi parver sùbiti e accorti
e l'uno e l'altro coro a dicer "Amme!"
che ben mostrar disio d'i corpi morti:

(14.61-63)

E come giga e arpa, in tempra tesa
di molte corde, fa dolce tintinno
a tal da cui la nota non è intesa,
così da' lumi che lì m'apparinno
s'accogliea per la croce una melode
che mi rapiva, sanza intender l'inno.

(14.118-23)

Forse la mia parola par troppo osa,
posponendo il piacer de li occhi belli,
ne' quai mirando mio disio ha posa;

(14.130-32)

silenzio puose a quella dolce lira,
  e fece quïetar le sante corde
che la destra del cielo allenta e tira.
  Come saranno a' giusti preghi sorde
quelle sustanze che, per darmi voglia
ch'io le pregassi, a tacer fur concorde?

(15.4-9)

Indi, a udire e a veder giocondo,
giunse lo spirto al suo principio cose,
ch'io non lo 'ntesi, sì parlò profondo;

(15.37-39)

"la voce tua sicura, balda e lieta
suoni la volontà, suoni 'l disio,
a che la mia risposta è già decreta!".

(15.67-69)

e come a li occhi miei si fé più bella,
così con voce più dolce e soave,
ma non con questa moderna favella,

(16.31-33)

Da indi, sì come viene ad orecchia
dolce armonia da organo, mi viene
a vista il tempo che ti s'apparecchia.

(17.43-45)

Ché se la voce tua sarà molesta
nel primo gusto, vital nodrimento
lascerà poi, quando sarà digesta.
  Questo tuo grido farà come vento,
che le più alte cime più percuote;
e ciò non fa d'onor poco argomento.

(17.130-35)

Già si godeva solo del suo verbo
quello specchio beato, e io gustava
lo mio, temprando col dolce l'acerbo;

....

Io mi rivolsi a l'amoroso suono
del mio conforto; e qual io allor vidi
ne li occhi santi amor, qui l'abbandono:
non perch'io pur del mio parlar diffidi,
ma per la mente che non può redire,
sovra sé tanto, s'altri non la guidi.

Tanto poss'io di quel punto ridire,
che, rimirando lei, lo mio affetto
libero fu da ogne altro disire,
fin che 'l piacer etterno, che diretto
raggiava in Bëatrice, dal bel viso
mi contentava col secondo aspetto.

(18.1-18)

spiriti son beati, che giù, prima
che venissero al ciel, fuor di gran voce,
sì ch'ogne musa ne sarebbe opima.

(18.31-33)

Indi, tra l'altre luci mota e mista,
mostrommi l'alma che m'avea parlato
qual era tra i cantor del cielo artista.

(18.49-51)

tal fu ne li occhi miei, quando fui vòlto,
per lo candor de la temprata stella
sesta, che dentro a sé m'avea ricolto.
Io vidi in quella giovïal facella
lo sfavillar de l'amor che lì era
segnare a li occhi miei nostra favella.

....

sì dentro ai lumi sante creature
volitando cantavano, e faciensi
or D, or I, or L in sue figure.
Prima, cantando, a sua nota moviensi;

(18.67-79)

Mostrarsi dunque in cinque volte sette
vocali e consonanti; e io notai
le parti sì, come mi parver dette.
`DILIGITE IUSTITIAM' primai
fur verbo e nome di tutto 'l dipinto;
`QUI IUDICATIS TERRAM', fur sezzai.
Poscia ne l'emme del vocabol quinto
rimasero ordinate; sì che Giove
pareva argento lì d'oro distinto.
E vidi scendere altre luci dove
era il colmo de l'emme, e lì quetarsi
cantando, credo, il ben ch'a sé le move.

(18.88-99)

ch'io vidi e anche udi' parlar lo rostro,
e sonar ne la voce e "io" e "mio",
quand'era nel concetto e `noi' e `nostro'.

(19.10-12)

Così un sol calor di molte brage
si fa sentir, come di molti amori
usciva solo un suon di quella image.

(19.19-21)

vid'io farsi quel segno, che di laude
de la divina grazia era contesto,
con canti quai si sa chi là sù gaude.

(19.37-39)

"Cotanto è giusto quanto a lei consuona:
nullo creato bene a sé la tira,
ma essa, radïando, lui cagiona".

(19.88-90)

Roteando cantava, e dicea: "Quali
son le mie note a te, che non le 'ntendi,
tal è il giudicio etterno a voi mortali".

(19.97-99)

però che tutte quelle vive luci,
vie più lucendo, cominciaron canti
da mia memoria labili e caduci.

(20.10-12)

Poscia che i cari e lucidi lapilli
ond'io vidi ingemmato il sesto lume
puoser silenzio a li angelici squilli,

....

E come suono al collo de la cetra
prende sua forma, e sì com' al pertugio
de la sampogna vento che penètra,

....

Fecesi voce quivi, e quindi uscissi
per lo suo becco in forma di parole,
quali aspettava il core ov'io le scrissi.

(20.16-30)

Colui che luce in mezzo per pupilla,
fu il cantor de lo Spirito Santo,
che l'arca traslatò di villa in villa:
ora conosce il merto del suo canto,

(20.37-40)

Quale allodetta che 'n aere si spazia
prima cantando, e poi tace contenta
de l'ultima dolcezza che la sazia,

(20.73-75)

E come a buon cantor buon citarista
fa seguitar lo guizzo de la corda,
in che più di piacer lo canto acquista,

....

pur come batter d'occhio si concorda,
con le parole mover le fiammette.

(20.142-48)

se non si temperasse, tanto splende,
che 'l tuo mortal podere, al suo fulgore,
sarebbe fronda che trono scoscende.

(21.10-12)

"e dì perché si tace in questa rota
la dolce sinfonia di paradiso,
che giù per l'altre suona sì divota".
"Tu hai l'udir mortal sì come il viso",
rispuose a me; "onde qui non si canta
per quel che Bëatrice non ha riso".

(21.58-63)

"Tra ' due liti d'Italia surgon sassi,
e non molto distanti a la tua patria,
tanto che ' troni assai suonan più bassi",

(21.106-08)

Dintorno a questa vennero e fermarsi,
e fero un grido di sì alto suono,
che non potrebbe qui assomigliarsi;
né io lo 'ntesi, sì mi vinse il tuono.

(21.139-42)

Come t'avrebbe trasmutato il canto,
e io ridendo, mo pensar lo puoi,
poscia che 'l grido t'ha mosso cotanto;

(22.10-12)

Quindi m'apparve il temperar di Giove
tra 'l padre 'l figlio; e quindi mi fu chiaro
il varïar che fanno di lor dove;

(22.145-47)

Se mo sonasser tutte quelle lingue
che Polimnïa con le suore fero
del latte lor dolcissimo più pingue,
per aiutarmi, al millesmo del vero
non si verria, cantando il santo riso
e quanto il santo aspetto facea mero;

(23.55-60)

Qualunque melodia più dolce suona
qua giù e più a sé l'anima tira,
parebbe nube che squarciata tona,
comparata al sonar di quella lira
onde si coronava il bel zaffiro
del quale il ciel più chiaro s'inzaffira.
....
Così la circulata melodia
si sigillava, e tutti li altri lumi
facean sonare il nome di Maria.

(23.97-111)

Indi rimaser lì nel mio cospetto,
`Regina caeli' cantando sì dolce,
che mai da me non si partì 'l diletto.

(23.127-29)

così quelle carole,
differentemente danzando,
de la sua ricchezza
mi facieno stimar, veloci e lente.
....
e tre fïate intorno di Beatrice
si volse con un canto tanto divo,
che la mia fantasia nol mi ridice.

(24.16-24)

Finito questo, l'alta corte santa
risonò per le spere un `Dio laudamo'
ne la melode che là su si canta.

(24.112-14)

così benedicendomi cantando,
tre volte cinse me, sì com'io tacqui,
l'appostolico lume al cui comando
io avea detto: sì nel dir li piacqui!

(24.151-54)

con altra voce omai, con altro vello
ritornerò poeta, e in sul fonte
del mio battesmo prenderò 'l cappello;

(25.7-9)

`Sperino in te', ne la sua tëodia
dice, `color che sanno il nome tuo':
e chi nol sa, s'elli ha la fede mia?

(25.73-75)

`Sperent in te' di sopr' a noi s'udì;
a che rispuoser tutte le carole.
....
così vid'io lo schiarato splendore
venire a' due che si volgieno a nota
qual conveniesi al loro ardente amore.
Misesi lì nel canto e ne la rota;

(25.98-109)

A questa voce l'infiammato giro
si quïetò con esso il dolce mischio
che si facea nel suon del trino spiro,

....

tutti si posano al sonar d'un fischio.
Ahi quanto ne la mente mi commossi,

(25.130-36)

"Ma dì ancor se tu senti altre corde
tirarti verso lui, sì che tu suone
con quanti denti questo amor ti morde".

(26.49-51)

Sì com'io tacqui, un dolcissimo canto
risonò per lo cielo, e la mia donna
dicea con li altri: "Santo, santo, santo!".

(26.67-69)

`Al Padre, al Figlio, a lo Spirito santo',
cominciò, `gloria!', tutto 'l paradiso,
sì che m'inebrïava il dolce canto.
Ciò ch'io vedeva mi sembiava un riso
de l'universo; per che mia ebbrezza
intrava per l'udire e per lo viso.

(27.1-6)

e sé rivolge per veder se 'l vetro
li dice il vero, e vede ch'el s'accorda
con esso come nota con suo metro;

(28.7-9)

Così l'ottavo e 'l nono; e ciascheduno
più tardo si movea, secondo ch'era
in numero distante più da l'uno;

(28.34-36)

E io a lei: "Se 'l mondo fosse posto
con l'ordine ch'io veggio in quele rote,
sazio m'avrebbe ciò che m'è proposto;

....

udir convienmi ancor come l'essemplo
e l'essemplare non vanno d'un modo,
ché io per me indarno a ciò contemplo".

(28.46-57)

Io sentiva osannar di coro in coro
al punto fisso che li tiene a li ubi,
e terrà sempre, ne' quai sempre fuoro.
(28.94-96)

perpetüalemente `Osanna' sberna
con tre melode, che suonano in tree
ordini di letizia onde s'interna.
(28.118-20)

e quel tanto sonò ne le sue guance,
sì ch'a pugnar per accender la fede
de l'Evangelio fero scudo e lance.
(29.112-14)

Dal primo giorno ch'i' vidi il suo viso
in questa vita, infino a questa vista,
non m'è il seguire al mio cantar preciso;
....
letizia che trascende ogne dolzore.
(30.28-42)

ma l'altra, che volando vede e canta
la gloria di colui che la 'nnamora
e la bontà che la fece cotanta,
(31.4-6)

Da quella regïon che più sù tona
occhio mortale alcun tanto non dista,
qualunque in mare più giù s'abbandona,
(31.73-75)

Vidi a lor giochi quivi e a lor canti
ridere una bellezza, che letizia
era ne li occhi a tutti li altri santi;
(31.133-35)

e quello amor che primo lì discese,
cantando `Ave, Maria, gratïa plena',
dinanzi a lei le sue ali distese.
(32.94-96)

Di contr' a Pietro vedi sedere Anna,
tanto contenta di mirar sua figlia,
che non move occhio per cantare osanna;
(32.133-35)

a fa la lingua mia tanto possente,
ch'una favilla sol de la tua gloria
possa lasciare a la futura gente;
ché, per tornare alquanto a mia memoria
e per sonare un poco in questi versi,
più si conceperà di tua vittoria.

(33.70-75)

Oh quanto è corto il dire e come fioco
al mio concetto! e questo, a quel ch'i' vidi,
è tanto, che non basta a dicer `poco'.

(33.121-23)

Note

¹ D'ora in poi, il titolo del testo boeziano sarà citato nella forma abbreviata, *De mus.* come pure *Convivio* in *Conv.*, *De vulgari eloquentia* in *D.V.E.*, *Divina Commedia* in *D.C.* e *Commedia* in *Com.* Anche tutte le citazioni e riferimenti alle tre cantiche saranno riportate in forma abbreviata *Inf.* per *Inferno, Pur.* per *Purgatorio, Par.* per *Paradiso.* Salvo differente indicazione anche l'enfasi data ad alcuni termini o frasi è da attribuirsi all'autore.

² Amilcare A. Iannucci, *Dante e la "bella scola" della poesia*, a cura di Amilcare A. Iannucci, Ravenna Longo, 1993, pp.10-11.

³ *Convivio*, a cura di Cesare Vasoli e Domenico De Robertis, in *Opere minori*, Milano, Ricciardi, 1988.

⁴ *De vulgari eloquentia*, ed. Pier Vincenzo Mengaldo, in *Opere minori*, Milano, Ricciardi, 1979.

⁵ *De monarchia*, a cura di Pier Vincenzo Mengaldo et al., Milano, Ricciardi, 1979 (d'ora in poi *D.M.*)

⁶ *La Divina commedia secondo l'antica vulgata*, a cura di Giorgio Petrocchi, Milano, Mondadori, 1966, 4 vol.

⁷ Per quanto concerne l'effetto della musica sulla natura umana, si veda Calvin M. Bower nella sua introduzione a *Fundamentals of Music*. Egli dice:"[Boethius'] basic goal is articulated clearly at the end of the first chapter, following an eloquent account of the all encompassing influence of music on human life: 'From all these accounts it appears without doubt that music is so naturally united with us that we cannot be free from it even if we so desired. For this reason the power of the intellect ought to be summoned, so that this art, innate through nature, might also be mastered, comprehended through knowledge." Il testo latino di Boezio è il seguente: "Ut ex his omnibus perspique nec dubitanter appareat, ita nobis musicam naturaliter ess conjuctam, ut ea ne si velimus quidem carere possimus. quocirca intendenda vis mentis est, ut id, quod natura est inisitum, scientia quoque possit comprehensum teneri.". Anicius Manlius Severinus Boethius, *Fundamentals of Music,* Trad. Calvin M. Bower, ed. Claude V. Palisca (New Haven: Yale UP, 1989) xx. Per la riproduzione del testo latino, ho usato l'edizione: Anicii Manlii Torquati Severini Boetii, *De institutione musica*, ed. Godofredus Friedlein,(Lipsiae: Teubneri, 1867) 187. Si veda anche Leo Spitzer, *Classical and Christian Ideas of World Harmony,* Baltimore, Johns Hopkins University Press, 1963, p.41. Per l'idea della musica come forza morale capace di muovere la sensibilità umana, *musica movet affectus*, cfr. Isidoro di Siviglia, cit. in Théodore Gérold, *Les Pères de l'eglise et la musique,* Paris, Librairie Félix Alcan, 1931, p.157. Circa la distinzione dei modi musicali greci si consulti Umberto Eco, *Il problema estetico in Tommaso D'Aquino,* Milano, Bompiani, 1970, p.168. Eco spiega che: "il modo *ionico* e il *lidio* dispongono alla rilassatezza, il *dorico* alla virilità e al coraggio, il *frigio* a una più calma operosità,". Per un discorso completo sulla musica dell'antica Grecia

si veda il capitolo II di Gustave Reese, *Music in the Middle Ages*, New York, Norton, 1940, pp.11-53.

[8] Leo Spitzer, *Classical and Christian*, p.41.

[9] Ibid.

[10] Iannucci, *Dante e la "bella scola" della poesia*, pp.10-11.

[11] Sull'uso dei termini *intertestualità* e *interdiscorsività* si veda Cesare Segre, *Teatro e romanzo*, Torino, Einaudi, 1984, p.111.

[12] Eco, *Il problema estetico*, p.168.

[13] Per la storia di Pitagora cfr. Boezio, *De institutione musica*, pp. 184-185. Oliver Strunk, *Source Reading in Music History*, New York, W. W. Norton, 1954, p.82. Si veda anche Amilcare A. Iannucci, "Musica e ordine nella *Divina Commedia*: *Purgatorio* II" in *Studi americani su Dante* a cura di Gian Carlo Alessio, Robert Hollander, Milano, Franco Angeli, 1989, p.108. Il saggio di Iannucci "è un rifacimento della [sua] relazione intitolata "Casella's Song and the Tuning of the Soul" presentata in occasione della riunione annuale della Dante Society of America tenutasi a Cambridge, Mass., nel maggio 1984.".

[14] Arnaldo Bonaventura, *Dante e la musica*, Livorno, Raffaello Giusti, 1904, p.89.

[15] Maria Corti, *Princìpi della comunicazione letteraria*, Milano, Bompiani, 1976, p.15.

[16] Iannucci, "Musica e ordine", p. 90. Nella stessa pagina cfr. anche le note 7, 8.

[17] Gustave Reese, *Music in the Middle Ages*, p. 20. Anche Guido D'Arezzo nel suo *Micrologus*, in *Hucbald, Guido, and John on Music, Three Medieval Treatises*, trad. Warren Babb, ed. Claude V. Palisca, New Haven, Yale UP, 1978, p.82, è dello stesso parere. Per Guido dare una definizione precisa relativa alla musica e agli strumenti musicali delle origini comporta una seria difficoltà.

[18] Un'evidenza scritta attribuibile direttamente a Pitagora non esiste per due ragioni: la prima è dovuta al fatto che la cultura del tempo di Pitagora, (VI-V sec. a.C.) per la diffusione delle idee, seguiva largamente la tradizione orale. Infatti, quando la scuola pitagorica si divise, (verso la metà del V sec. a.C.) sorsero due nuove correnti: da una parte si ebbero i "matematici", tra i quali troviamo nomi come "Archita di Taranto" e "Aristosseno" che erano interessati agli studi scientifici, particolarmente alla matematica e alle teorie musicali; dall'altra, vi erano membri più conservatori interessati ad argomenti di carattere morale e religioso, ed erano chiamati "akousmatikoi" (da "akousmata" "tradizioni orali"). La seconda ragione potrebbe essere quella di aver voluto mantenere più segreto l'insegnamento della propria scuola. "Pythagoras," *Enciclopaedia Britannica*, ed. 1959 e 1986. Si consultino anche le voci "Archytas" e "Philolaus", a cui l'articolo dell'ed. del 1959 rimanda.

[19] Boethius, *Fundamentals of Music*, p. xxii. Per avere un'idea della matematica cfr. anche Nicomachus of Gerasa, *Introduction to Arithmetic*, trad. Martin Luther D'Ooge, New York: MacMillan, 1926. Le citazioni che mettono bene a fuoco la concezione matematica di Pitagora si trovano nei seguenti punti: 1.3.1; 2.17.1-2; 2.29.

[20] Guido d'Arezzo, *Micrologus*, p.82. Della leggenda pitagorica, Guido menziona

cinque martelli; ma, passando in rassegna le leggi pitagoriche della *modulatio*, si sofferma a parlare solo di quattro di essi.

[21] Boezio, *De. mus.* 1.10

[22] Ibid.

[23] Ibid.

[24] Ibid.

[25] La considerazione dell'armonia come essenza della felicità umana la ritroviamo specialmente in Democrito, Spitzer, *Classical*, p. 10.

[26] John Hollander, *The Untuning of the Sky,* Princeton, Princeton UP, 1961, p. 28. Hollander dice pure che: "the music of the spheres as representing the sounds of heavenly perfection could be reinterpreted as a metaphysical notion, characterising not only the order of the universe but the relation of human lives to this cosmological order." La relazione di cui l'autore parla, identifica i due livelli fondamentali della musica secondo la divisione boeziana: *musica mundana e musica humana*. Per quanto riguarda la dinamica relazionale coesistente nelle cose, cfr. Spitzer, *Classical* p.10 .

[27] Boezio, *De mus.*, 1.2.

[28] Francis MacDonald Cornford, *Plato's Cosmology,* London, Routledge & Kegan Paul, 1966, pp.61-62.

[29] MacDonald Comford, *Plato's*, p.61

[30] Aristotele accetta l'*Uno* numerico come elemento fondamentale dell'Essere e della Forma solo in maniera attributiva. Mentre i pitagorici e Platone, identificano l'*Uno* numerico come sostanza e non come "attributo". Su questo aspetto si veda Aristotele, *Metaphysica*, libro A, 987b; libro B, 996a. L'affermazione aristotelica circa L'*Uno* come "attributo" o "predicato" dell'Essere e della Forma, si trova sempre in *Metaphysica*, libro I, 1053b. L'edizione usata è *Aristotle Metaphysics*, trad. Richard Hope, Ann Arbor, Michigan, University of Michigan Press, 1960.

[31] MacDonald Cornford, *Plato's*, p. 321.

[32] MacDonald Cornford, *Plato's*, p. 322.

[33] Il salto qualitativo platonico nel campo dell'*harmonia* ci viene fornito nella *Repubblica* dove egli critica i pitagorici per la ragione che non si sono preoccupati di analizzare i numeri circa la problematica delle consonanze: "I will drop the comparison and tell you that I am thinking rather of those Pythagoreans whom we were going to consult about harmony. They are just like the astronomers intent upon the numerical properties embodied in these audible consonances: they do not rise to the level of formulating problems and inquiring which numbers are inherently consonant and which are not, and for what reason." MacDonald Cornford, *Plato's*, p. 250.

[34] "...the decisive importance of education in poetry and music: rhythm and harmony sink deep into the recesses of the soul and take the strongest hold there, bringing that grace of body and mind which is only to be found in one who is brought up in the right way. Moreover, a proper training in this kind makes a man quick to perceive any defect or ugliness in art or in nature." MacDonald Cornford, *Plato's*, p. 90.

[35] Aristotle, *De anima* Trad. Hugh Lawson-Tancred, Great Britain, Bungay, Pen-

guin, 1986, p.118. Tale traduzione del *De anima* è corredata di un glossario generale dei termini più importanti del gergo aristotelico. Nel glossario, Lawson-Tancred dice che *aesthesis*: "...is a word of wide meaning both in Greek in general and for Aristotle. It encompasses the sense of three modern terms 'sensation', 'perception' and 'consciousness".

[36] La definizione di rapporto tra due estremi è nozione aristotelica citata in Edgar De Bruyne, *The Esthetics of the Middle Ages* Trad. Eileen B. Hennesy, New York, Frederick Ungar, 1969, p.11.

[37] Gérold, *Les Pères*, p. 54.

[38] *Genesi* 1.31 e 2.1; cit. in De Bruyne, *The Esthetics*, p. 3.

[39] Gérold, *Les Pères*, p. 3.

[40] Questa posizione fu sostenuta e condivisa da Aristotele, Cicerone e San Tommaso D'Aquino. Per la citazione cfr. Gérold, *Les Pères*, p.5.

[41] Per un'idea più elaborata sulla funzione estetica della vista e dell'udito si consultino i due dialoghi platonici per intero in Stallbaum Gottfriend, Platonis Opera Omnia, 2ⁿᵈ ed. Gotha, Hennings, 1857.

[42] Sant'Agostino, "Epistola 3", in *Patrologiae Latinae* 33, 65, ed. Migne; cit. in De Bruyne, *The Esthetics*, p. 9.

[43] Chalcidius, ed. Wrobel 153-54; cit. in De Bruyne, *The Esthetics*, p. 6.

[44] *Sententiae* 1, *PL* 88, p. 540; cit. in De Bruyne, *The Esthetics*, p. 7. Anche Scoto Erigena sostiene che ogni forma è la rivelazione dell'infinito, della Bellezza inesprimibile: "...every form is regarded as a revelation of the infinite, inexpressible Beauty,"; De Bruyne, *The Esthetics*, p. 7.

[45] Joannis Scoti Erigena, *De divisione naturae*, 1681, 5.2, pp.225-7 cit. anche in De Bruyne, *The Esthetics*, p. 14.

[46] *Tusculan disputations* 4.31; cit. in De Bruyne, *The Esthetics*, p. 10.

[47] De Bruyne, *The Esthetics*, p. 10.

[48] E' questa la citazione del testo di Abu-Beker tradotto da Gerardo da Cremona; la citazione è dell'edizione di R. Foerster, *Scriptores Physiognomici*, Teubner, Leipzig, 1893, p.174. Sempre per la stessa citazione si veda anche De Bruyne, pp.12-13.

[49] Altre fonti dell'estetica della luce che entrano a far parte del sistema medievale pervengono dalla filosofia araba; per esempio dallo yezidismo e dal mazdaismo; questi ultimi, come dice De Bruyne, "are explicitly philosophies of light" De Bruyne, *The Esthetics*, p.17.

[50] M. Tulli Ciceronis, *De republica,* Lipsia, Academia Scientiarum Germanica Berolinensis, 1958, p.13.

[51] Gerold, *Les Pères*, p. 66.

[52] Gerold, *Les Pères*, p. 64.

[53] Circa queste tendenze associative, cfr. l'*Enciclopedia italiana* G. Treccani, vol. 5, Milano, Bestetti & Tumminelli, 1930, pp. 100-4.

[54] Il rapporto tra il testo ciceroniano e la *D.C.* ci viene fornito specialmente da *Par.*

1,2.

[55] Bower dice: "Given the opening question of the paragraph, a discussion of harmony and the diversity of the elements should follow; but the text skips abruptly to a discussion of the diversity of the seasons. Thus a development of the harmony of the elements and an introduction to the harmony of the seasons are missing. Some scribe may have jumped from one 'diversity' to another." Bower, *Fundamentals*, p. 9, n. 37.

[56] Per la citazione dei titoli degli undici capitoli mancanti, si veda l'appendice 1 nella traduzione di Bower, *Fundamentals*, pp. 181-84.

[57] Per ragioni pratiche, usiamo la suddivisione fatta da Calvin M. Bower nell'introduzione di *Fundamentals*, p. xxx. La ripartizione del primo argomento, ossia del "suono come quantità e rapporti", abbraccia uno spazio che va dal capitolo 3 al capitolo 8.

[58] Questa tematica va dal capitolo nove al capitolo undici; Bower, *Fundamentals*, p. xxx.

[59] Per Boezio, una caratteristica fondamentale della voce è la sua divisione in voce continua e discontinua. Citando Albino, alle due voci già menzionate ne aggiunge una terza intermedia; Bower, *Fundamentals*, p. 20.

[60] Il paragone tra corde dello strumento musicale e le sfere celesti si riscontra anche in Nicomaco *Excerpta* 3 e *Enchiridion* 3. Bower, *Fundamentals*, p. 46, n. 127. Sulla propagazione di suoni alti e bassi relativi alle sfere celesti, si veda anche M. Tullio Cicerone: *De republica*, in particolare il "Sogno di Scipione".

[61] Boezio, *De mus.*, 1.1.

[62] Mario Pazzaglia, *Il verso e l'arte della canzone nel* De vulgari eloquentia, Firenze, 1967, pp.58-59; cit. in J.F. Took, `L'etterno piacer' *Aesthetic Ideas in Dante*, Oxford, Clarendon Press, 1984, p.93, nota 15.

[63] Segre, *Teatro*, p.111.

[64] Nel primo capitolo abbiamo già avuto modo di parlare del problema delle strategie imitative ed ermeneutiche dantesche. Sulla tradizione relativa al costume di lettura di Dante, si veda Iannucci, in *Dante e la 'bella scola'*, pp. 10-11.

[65] Umberto Eco, R. Lambertini, C. Marmo e A. Tabarroni, *On the Medieval Theory of Signs*, trad. Shona Kelly, a cura di Umberto Eco, Costantino Marmo, Amsterdam, John Benjamins, 1989, p.24, nota 1. Quando uno scrittore cita altre fonti, Eco ed altri dicono che: "...every time the topos is quoted again, one is entitled to suspect that a slight shift of perspective has taken place.".

[66] L'espressione "esistenza funzionale" è una qualità necessaria per Dante, perché ogni cosa deve corrispondere alle funzioni per le quali è stata creata.

[67] *D.V.E.* 1.16.2.

[68] De Bruyne, *The Esthetics*, p. 9. Anche San Bonaventura rifacendosi al *De musica* 6.12.35; 6.13.38 di Sant'Agostino, esprime la sua definizione di bellezza nei seguenti termini: "pulchritudo nihil aliud est quam aequalitas numerosa"; *Itinerarium mentis in Deum* 2.5. In S. Bonaventurae, *Opera theologica selecta: Tria opuscula sermones theologici,* Firenze, Quaracchi, 1964, p.189.

[69] Diletto [sarebbe il termine tecnico di una propria passione che deriva dalla terminazione riuscita di un movimento appetitivo, ossia, dal possedimento di un bene desiderato]. Marc Cogan, "Delight, Punishment, and Justice of God in the *Divine Comedy*", in *Dante Studies* 111, pp.27-52, Department of Humanities, Wayne State University, Detroit, 1993. Ringrazio il professor Cogan che mi ha dato la possibilità di leggere il suo articolo in formato dattiloscritto e prima di pubblicarlo.

[70] Eco, *Il problema estetico in Tommaso d'Aquino*, Milano, Bompiani, 1970, p.73

[71] Vittorio Russo, "Musica/musicalità nella struttura della *Commedia* di Dante," in *La musica nel tempo di Dante*, a cura di Luigi Pestalozza, Milano, Unicopli, 1986, p.43.

[72] Russo, "Musica/musicalità", p.43.

[73] Umberto Eco, *La struttura assente,* Milano, Bompiani, 1968, p.306.

[74] Nino Pirrotta, "Poesia e musica" in *La musica nel tempo di Dante*, a cura di Luigi Pestalozza, Milano, Unicopli, 1986, p.300.

[75] Russo, "Musica/musicalità", p.39.

[76] Russo, "Musica/musicalità", p.43.

[77] Russo, "Musica/musicalità", p.33.

[78] *D. M.* (1.15.1-2).

[79] St. Thomas Aquinas, *Commentary on the Metaphysics of Aristotle*, trad. John P. Rowan, Chicago, Henry Regnery, 1961, p.61.

[80] Michele Barbi, "Dante. Vita, opere e fortuna" in *Dante: tutte le opere*, a cura di Luigi Blasucci, Firenze, Sansoni, 1981, p.26.

[81] *Par.*1.76-81, 103-05; *Par.* 10.146-48; *Par.* 12.4-9; *Par.* 14.118-26; *Par.* 15.1-6; *Par.* 16.28-33; ecc..

[82] Edoardo Sanguineti, "Canzone sacra e canzone profana," *La musica nel tempo di Dante*, a cura di Luigi Pestalozza, Milano, Unicopli, 1988, p.208.

[83] Cit. in Sanguineti, "Canzone sacra", p.207.

[84] Ibid.

[85] Iannucci, "Musica e ordine" p. 91.

[86] Iannucci, "Musica e ordine" p.93.

[87] Ibid.

[88] La citazione è tratta da: Amilcare A. Iannucci, "Casella's Song and the Tuning of the Soul," *Thought: A Review of Culture and Idea* 65, 1990, p.32, n.9. Iannucci rimanda anche ad Alessandro Picchi, "La musicalità dantesca nel quadro delle metodologie filosofiche medioevali" in *Annali dell'istituto di studi danteschi,* 1 1967, n.41, p.171.

[89] Iannucci, "Musica e ordine", p.95. Alla stessa pagina si veda anche la n.20.

[90] Boezio, *De mus.*, p.179.

[91] Sui corpi alterati e sfigurati presenti nella prima cantica, Iannucci ci dice che: "sono un'altra indicazione esteriore del fatto che le interiori proporzioni numeriche

che governano l'anima sono state distorte". Iannucci, "Musica e ordine", p.94.

[92] Circa le strategie imitative dantesche operate sui suoi *auctores* si è ampliamente parlato precedentemente; qui ricordiamo solo la sua duplice procedura, cioè di *intertestualità* e *interdiscorsività* messa a punto da Segre, *Teatro e romanzo*, p.111. Per ulteriori approfondimenti, cfr. anche il primo capitolo di questo studio.

[93] Sanguineti, "Canzone sacra", p.208.

[94] Umberto Eco, *Six Walks in the Fictional Woods,* Cambridge, Harvard University Press, 1994, p. 27.

[95] De Bruyne, *The Esthetics*, p. 10. Si veda anche il primo capitolo di questo studio. Il colore visto come elemento propagatore di bellezza lo ritroviamo anche in Sant'Agostino, *Conf.* 10.34.51: "Pulchras formas et varias, nitidos et amoenos colores amant oculi"; Ugo di San Vittore, *Didasc.* 7.13 (PL 176, c.821): "Visum pascit pulchritudo colorum"; San Bonaventura, *Serm. de sanc., S Bart. ap.* (a cura di Quaracchi 9.571): "Exemplum possumus accipere di imagine, quae deturpatur et vilificatur, quando auferuntur ab ea colores"; San Tommaso d'Aquino, *ST* Ia. 39.8 resp.: "Unde quae habent colorem nitidum, pulchra esse dicuntur.".

[96] Sulla nozione della luce quale concezione estetica del pensiero medievale, importanti argomentazioni si possono trovare in Sant'Agostino, *Conf.* 10.34.51: "Ipsa enim regina colorum lux, ista perfundes cuncta, quae cernimus, ubiubi per diem fuero, multimodo adlapsu blanditur mihi, aliud agenti et ad eam non advertenti"; Ugo di San Vittore, *Didasc.* 7.12 (PL 176, c.821): "Quid luce pulchrius, quae cum colorem in se non abeat, omnium tamen colores rerum ispa quodammodo illuminando colorat?"; Alberto Magno, *In div. nom.* 4.78: "Lumen est de essentia pulchri, tamen pulchrum addit super lumen differentiam specificam, per quam discernitur ab ipso. Lumen enim non dicit nisi emissionem radii a fonte luminis, pulchrum vero dicit splendorem ipsius super partes materiae proportionatas"; San Bonaventura, *In sap.* 7.10 (a cura di Quarrachi 6.153): "lux est pulcherrimum et delectabilissimum et optima inter corporalia.".

[97] L'enfasi è mia in tutti i passi citati e serve a dare più rilievo a quelle parole ed espressioni che fanno parte della nostra analisi.

[98] *La Divina commedia*, a cura di Giuseppe Giacalone, 13ª ed., vol.1 Roma, Angelo Signorelli, 1981, p.63, n.112.

[99] Sulla disposizione ordinata delle cose e del mondo intero, si veda anche San Tommaso d'Aquino, *S. Th.* 1.47.3: "Praeterea, ea quae sunt ad finem, proportionantur fini. Sed finis creaturae est unus; scilicet divina bonitas, ut supra ostensum est.".

[100] Sul significato di questo verso si sono avute varie interpretazioni, da una parte ci sono quelli che lo hanno voluto caricare di significato, mentre altri lo hanno considerato privo di alcun senso. E' a questo secondo schieramento che noi aderiamo e specialmente *pape* e *aleppe* le indichiamo come parole asemantiche.

[101] Clemente Terni, "Simbolo e segno di memoria musicale: `littera' in Dante, `sillaba' in Leonardo," *Studi danteschi,* Firenze, Le Lettere, 1986, p.84. Per un esame completo del verso dantesco sotto forma di note musicali, si veda anche la p.83

[102] Circa la mancanza di dolcezza nei versi dell'*Inf.*, cfr. anche: Iannucci, "Musica e ordine", p.96.

[103] A riguardo di questo passo del *Pur.* cfr. anche il discorso di Iannucci in "Musica e ordine", p.96 che dice: "Il purgatorio è il regno del canto; l'inferno è il regno dei lamenti, dove non si cantano inni. Vi manca il risuonare della musica, così come vi manca dolcezza nei suoi versi.".

[104] Sulla tecnica di Dante come esegeta e critico di se stesso, cfr. il capitolo di Iannucci, "Autoesegesi dantesca: la tecnica dell'"episodio parallelo'(*Inf.* 15 - *Pur.* 11*)*, in *Forma ed evento nella* Divina commedia, Roma, Bulzoni, 1984, pp.83-114.

[105] Dice Iannucci che: "All'inizio del *Purgatorio* assistiamo non solo ad una rinascita spirituale (corroborata dalla tipologia della liturgia pasquale), ma anche ad una resurrezione poetica ("Qui la morta poesì resurga", v. 7). Qui "poesì" va intesa nella sua duplice natura di retorica e musica. Iannucci, "Musica e ordine", p.97.

[106] Un quadro chiaro riguardo all'interpretazione del verso: "Ma qui la morta poesì resurga" ci viene fornito dal "Dartmouth Dante Project", ideato e diretto dal Prof. Robert Hollander dell'università di Princeton. Per lo sviluppo della mia ricerca, il "database" del "Dartmouth Dante Project" è stato di notevole aiuto; ed è, a mio avviso, una risorsa monumentale di ricerca degli studi danteschi. Per questo desidero ringraziare vivamente il Prof. Hollander e il "Dartmouth Dante Project" per aver messo "on line" questa preziosa banca dati.

[107] Oliver Strunk, *Source Readings in Music History,* New York, W. W. Norton, 1959, p.95. Si veda anche Iannucci, "Musica e ordine" p.96.

[108] Cassiodoro, *Institutiones,* ed R.A.B. Mynors, Oxford, Oxford University Press, 1937, pp.94-95.

[109] Ibid.

[110] Cassiodorus, *Institutiones,* 2.5.5. Si veda anche Strunk, *Source Readings,* pp. 88-9.

[111] Ibid.

[112] Ibid.

[113] Ibid.

[114] Umberto Eco, *La ricerca della lingua perfetta,* Bari, Laterza, 1993, p. 21.

[115] Per avere un'idea completa circa le interpretazioni di Wingell e Iannucci riferite al *Salmo* 113, si veda A. E. Wingell, "Dante, St. Augustine, and Astronomy", in *Quaderni d'italianistica,* 2, 1981, p.125; Iannucci, "Musica e ordine", pp.100-2.

[116] *The Liber Usualis,* introduzione e rubriche a cura dei Benedettini di Solesmes, Belgio, Turnai, Desclée, 1952, pp.129-61.

[117] Iannucci, "Musica e ordine" p. 101; per la fonte della citazione si veda S. Augustini, *Confessionum libris* 13.35.50, in *Patrologia Latina,* vol. 32, ed. J. P. Migne, Parisiis, Venit Apud Editorem, 1845. La citazione agostiniana è la seguente: "Domine Deus, pacem da nobis (omnia enim praestitisti nobis); pacem quietis, pacem sabbati, sabbati sine vespera. Omnis quippe iste ordo pulcherrimus rerum valde bonarum modis suis peractis transiturus est; et mane quippe in eis factum est, et vespera.".

[118] Per la citazione e traduzione dell'epistola a Can Grande ho usato: Dante Alighieri, *Opere minori,* vol. 2 a cura di Arsenio Frugoni e Giorgio Brugnoli, Milano,

Ricciardi, 1979, pp.610-11.

[119] Virgil, *Aeneid*, vol.2, 9.525, trad. H. Rushton Fairclough, Cambridge, Mass., Harvard University Press, 1978, p.148.

[120] Ovid, *Metamorphoses*, vol. 1, 5.338, trad. Frank Justus Miller, Cambridge (Mass.), Harvard University Press, 1984, p.260.

[121] *La Divina commedia* a cura di Giuseppe Giacalone, vol. 2 *Purgatorio*, Roma, Angelo Signorelli, 1981, n.9, p.4.

[122] Sulla variazione del tono poetico della *Com.*, si veda il primo capitolo di Iannucci, *Forma ed evento nella* Divina commedia, Roma, Bulzoni, 1984, pp. 15-50.

[123] "Et mentre che essi stavano in tal pensiero, ecco, dice il Poeta, che m'apparve un lume, si ancor lo VEGGIA, si come s'io lo vedessi adesso, over, cosi lo possa io ancor rivedere; il qual lume mi parea tale, quale su'l presso del mattino suol parer Marte, che è stella rossa e di color di fuoco: e più focosa ancor si dimostra, quando su'l presso del mattino tramonta, che allora per la densità de' vapori, ci par maggiore: il medesimo nel suo *Conv.*; L'altra si è che esso Marte dissecca, e arde le cose, perché lo suo calore è simile à quello del fuoco. Et questo è quello, perché esso pare affocato di calore quando più, e quando meno, secondo la spessezza e rarità de' vapori che seguitano; i quali per loro medesimi molte volte s'accendono", Dante, *Conv.* 2.13.21. Il testo del Daniello, qui riprodotto, è stato preso dal "Dartmouth Dante Project". Simili avvicinamenti, più tardi, sono eseguiti anche dal Tommaseo (1837); Scartazzini (1900); Tozer (1901); Torraca (1905); Mestica (1921); Casini-Barbi (1921); Vandelli (1929); Grabher (1934); Trucchi (1936); Pietrobono (1946); Porena (1946); Sapegno (1957); Singleton (1970); Bosco-Reggio (1979).

[124] Anche Iannucci è concorde alla stessa interpretazione nella sua chiosatura del verso 14 di *Pur.* 2; cioè il verso in cui emerge il pianeta Marte. Tutti i commenti elencati nella nota precedente rimandano a *Conv.* 2.13.20-21, ma una cosa interessante è che nessuno di essi accenna al tema della musica. Oltre a Iannucci, che io sappia, solo alcuni studiosi come Momigliano e Giacalone hanno segnalato nel verso un contenuto essenzialmente musicale.

[125] Giacalone, Il passo dantesco che ritroviamo nel *Conv.* 2.13.20-24 è il seguente: "Lo cielo di Marte si può comparare a la Musica per due proprietadi: l'una si è la sua più bella relazione, che, annumerando li cieli mobili, da qualunque si comincia o da l'infimo o dal sommo, esso cielo di Marte è lo quinto, esso è lo mezzo di tutti... L'altra si è che esso Marte dissecca e arde le cose, perché lo suo calore è simile a quello del fuoco; e questo è quello per che esso pare affocato di colore, quando più e quando meno, secondo la spessezza e raritade de li vapori che 'l seguono: li quali per lor medesimi molte volte s'accendono, sì come nel primo de la Metaura è determinato. E queste due proprietadi sono ne la Musica, la quale è tutta relativa, sì come si vede ne le parole armonizzate e ne li canti, de' quali tanto più dolce armonia resulta, quanto più la relazione è bella: la quale in essa scienza massimamente è bella, perché massimamente in essa s'intende. Ancora, la musica trae a sé li spiriti umani, che quasi sono principalmente vapori del cuore, sì che quasi cessano da ogni operazione: sì è l'anima intera, quando l'ode, e la virtù di tutti quasi corre a lo spirito sensibile che riceve lo suono."

[126] Iannucci, "Musica e ordine", pp.98-9

[127] A minimizzare la severità del rimprovero di Catone è la critica italiana, come indicato dal sondaggio di Peirone nell'*Enciclopedia dantesca* I, pp. 856-58. Invece, il canto di Casella come `vana dilettazione' o `tentazione' è una lettura che "è stata accettata dagli interpreti nord-americani e sostenuta dai più recenti studi sull'episodio"; si veda Iannucci, "Musica e ordine", p.104 e note 53-54.

[128] Iannucci, "Musica e ordine" , p.105

[129] Iannucci, "Musica e ordine", p.109

[130] Iannucci, "Musica e ordine", p.106

[131] John Freccero, *Dante, The Poetics of Conversion*, Cambridge (Mass.), Harvard University Press, 1986, pp.29-54.

[132] Freccero, *Dante*, p.42.

[133] Freccero, *Dante*, p.46.

[134] Secondo la filosofia aristotelica, l'anima ha tre potenze: la vegetativa, l'affettiva e l'intellettiva. La stessa cosa è affermata anche da San Tommaso d'Aquino in *Summa theologica* 1.76.3. Per quello che compete al nostro caso, mettiamo da parte la potenza vegetativa, perché essa rappresenta solo quella parte che dà essenza all'anima e, quindi, non direttamente coinvolta nel nostro discorso di fondo che richiede solo l'*affectus* e l' *intellectus*.

[135] Anche in San Tommaso d'Aquino, *Summa theologica* 1.76.3, l'anima è descritta secondo gli stessi elementi costitutivi: "Sic ergo dicendum quod eadem numero est anima in homine, sensitiva et intellectiva et nutritiva".

[136] Sulla tecnica dell' `episodio parallelo', si veda Iannucci, *Forma ed evento*, pp.83-114.

[137] In *Conv.* 2.13.24 Dante dice: "la Musica trae a sé li spiriti umani, che quasi sono principalmente vapori del cuore, sì che quasi cessano da ogni operazione: sì e l'anima intera, quando l'ode, e la virtù di tutti quasi corre allo spirito sensibile che riceve lo suono". Anche Boezio nel *De mus.* 1.1 ricorda l'importanza dei sensi nella percezione di oggetti sensibili: "Omnium quidem perceptio sensuum ita sponte ac naturaliter quibusdam viventibus adest, ut sine his animal non possit intellegi". (La percezione tramite i sensi è così spontanea e naturale in certe creature che un animale senza di essi non può essere concepito).

[138] Se vogliamo essere molto fantasiosi e ragionare con una tipica mente medievale, potremmo addirittura paragonare le sette P alle sette note della scala musicale. E la cancellazione delle P, man mano che si va avanti, paragonarla all'accordo di tutta la scala musicale, nota per nota, nota con nota, fino all'ottenimento di un piacevole *concentus*.

[139] Denise Heilbronn, "*Concentus musicus*: The Creaking Hinges of Dante's Gate of Purgatory." in *Rivista di Studi Italiani*, 2, 1984, pp.1-15. La tesi dell'autrice è: "One must seriously consider the possibility that the *stridor*, or creaking of the purgatorial door, is a musical sound.". Però, come nota conclusiva, ci ricorda che: "The organ of Dante's simile is an aptly chosen comparison for the loudly, sweetly resounding

hinges of the door of Purgatory, although in some of its detail, *the precise meaning of the simile may continue to elude us*", (l'enfasi è mia).

[140] Quello che la critica dantesca non ha notato in questo passo è che la presenza di suono e canto, qui, non si riferisce necessariamente a una realtà esclusivamente terrena, ma può essere letto in filigrana; e vedere quindi che, oltre al significato più evidente impresso nelle parole, dalla loro trasparenza se ne ricava uno meno evidente. Ed è proprio questo "the precise meaning" che Denise Heilbronn non è riuscita a cogliere.

[141] Per una definizione filosofica di cronaca e storia, si veda: Benedetto Croce, *Teoria e storia della storiografia,* Bari, Laterza, 1943, p.10.

[142] Si veda il commento di Giuseppe Giacalone, *La Divina commedia*, vol. 2, n.142, p. 151.

[143] L'enfasi è mia eccetto quella di "*beati pauper...*".

[144] Spitzer, *Classical and Christian*, p.10.

[145] De Bruyne, *The Esthetics*, p.9

[146] La parte sensibile dell'uomo chiamata all'apprendimento musicale, per Boezio è approssimativa. Per una totale comprensione della musica si richiede senso e ragione: "Sensus namque confusum quiddam ac proxime tale, quale est illud, quod sentit, advertit. Ratio vero diiudicat integritatem atque imas persequitur differentias. Itaque sensus invenit quiden confusa ac proxima veritati, accipit vero ratione integritatem. Ratio vero ipsa quidem invenit integritatem, accipit vero confusam ac proximam veri similitudinem. Namque sensus nihil concipit integritatis, sed usque ad proximum venit, ratio vero diiudicat.". (Il senso [dell'udito] percepisce una cosa in maniera indistinta, quindi approssimativamente rispetto a quello che è; la ragione esercita giudizio concernente il tutto e ne ricerca le vere differenze. Quindi, il senso apprende la cosa in modo confuso, però che si avvicina al vero, ma il tutto come verità, si ottiene solo attraverso la ragione. La ragione apprende il tutto ed avviene mediante una indistinta e approssimativa somiglianza del vero. Il senso non concepisce niente nella sua totalità, ma arriva solo alla sua approssimazione. La ragione ne esprime il giudizio.). Boezio, *De mus.* 5.2. Dante è più o meno solidale con Boezio e dice: "...Sì come la parte sensitiva de l'anima ha suoi occhi, con li quali apprende la differenza de le cose in quanto elle sono di fuori colorate, così la parte razionale ha suo occhio, con lo quale apprende la differenza de le cose in quanto sono ad alcun fine ordinate..."; *Conv.* 1.11.3-4.

[147] Oliver Strunk, *Source Reading*, p.65. Sant'Agostino nelle *Confessioni* dice che il canto, quello liturgico, è un buon atto di devozione per le menti deboli; cit. in Strunk, *Source Reading* , p.66.

[148] Ernesto Bignami, *La Divina commedia: schemi, riassunti, analisi dei singoli canti* , Milano, Edizioni Bignami, 1967, p.263.

[149] Boezio, *De mus.*, 1.2, p.87.

[150] La traduzione in italiano è mia. Prima di Boezio alcune reminiscenze più comuni sulla musica cosmica in generale le troviamo in Platone, *Timaeus*, pp.35-36. Circa l'armonia delle sfere si veda Plinio, *Naturalis historia* 2.22(20), p.84; Cicerone, *De*

republica 6.18.18; Plutarco, *De musica*, p.1147; Nicomaco di Geresa, *Enchiridion harmonices, 3*; Censorino, *De die natali*, 12; Macrobio *In somnium Scipionis*, 2.1.2 e in 6.1-6; Tolomeo, *Harmonica* 3.10-16, pp.104-11.

[151] Boethius, *Fundamentals*, p.9.

[152] La traduzione in italiano è mia.

[153] *Paradiso*, a cura di Giuseppe Giacalone, p.13, nota 78.

[154] Per un discorso completo sulla musica riferito alla prospettiva della cultura classico-medievale si vedano il primo e secondo capitolo di questo studio. Il discorso di Beatrice sull'ordine universale è stato notato anche da Iannucci in "Musica e ordine", p. 89. Egli lo glossa in chiave musicale: "il discorso di Beatrice è di carattere musicale".

[155] Bonaventura, *Dante*, p.42.

[156] Relativamente all'estetica della luce esiste tutta una tradizione con fonti scritte che va dal mondo classico a quello medievale. Già nei dialoghi di Platone emergono motivi estetici sulla luce; ma per puntualizzare con più soddisfacente attendibilità il motivo estetico della luce nel Medioevo, bisogna attendere il tredicesimo secolo, periodo in cui furono introdotti nell'occidente i trattati di ottica e prospettiva di Al-Hacen. Con l'influenza di questi trattati, la luce assume nuove caratteristiche, diventa un sistema cosmico generale e realtà metafisica; che, con le varie rappresentazioni di senso traslato, attinte già dagli antichi egiziani dal culto del sole e poi passate ai neopitagorici, nel Medioevo, essa diventa espressione simbolica. Per esempio, luce-verità (*topos* biblico), Cristo-giorno, ecc. Si veda anche De Bruyne, *The Esthetics*, p.17 ed elementi di filosofia araba, come per esempio lo yezidismo e il mazdaismo. Si consulti anche il cap. I di questo studio alla parte dedicata all'estetica della luce.

[157] Leo Spitzer, *Studi italiani*, Milano, Vita e Pensiero, 1976, p.220.

[158] Spitzer, *Studi italiani*, p.219.

[159] L'enfasi delle due parti è mia e serve a mettere in risalto il punto della nostra discussione.

[160] Salvatore Battaglia, citato nel commento di Giacalone della *Divina commedia*, *Paradiso* 33, p.570, nota 73.

[161] In *De caelo*, 469, 18-20 Heiberg.

[162] Si veda il suo articolo nell'*Enciclopedia dantesca* a cura di Umberto Bosco, Roma, Istituto dell'Enciclopedia Italiana, 1970, alla voce "musica", p.1063.

[163] Guglielmo Gorni, *Lettera, nome, numero: l'ordine delle cose in Dante*, Bologna, Il Mulino, 1990, p.107. Si veda anche la nota n.27 della stessa pagina.

BIBLIOGRAFIA

TESTI DELLE FONTI PRINCIPALI

Alighieri, Dante. *Convivio*. a cura di Cesare Vasoli e Domenico De Robertis, in *Opere minori*. Milano, Ricciardi, 1988.

-, *Dante: Tutte le opere*. a cura di Luigi Blasucci. Firenze, Sansoni, 1981.

-, *De vulgari eloquentia*. a cura di Pier Vincenzo Mengaldo. in *Opere Minori*. Milano, Ricciardi, 1979.

-, *Egloge*. a cura di Enzo Cecchini, in *Opere Minori*. Milano, Ricciardi, 1979.

-, *Epistole*. a cura di Arsenio Frugoni e Giorgio Brugnoli, in *Opere minori*. Milano, Ricciardi, 1979.

-, *La commedia secondo l'antica vulgata*. 4 voll. a cura di Giorgio Petrocchi. Milano, Mondadori, 1966.

-, *La divina commedia*. 3 vols. a cura di Giuseppe Giacalone. 13th ed. Roma, Angelo Signorelli, 1981

-, *Monarchia*. a cura di Bruno Nardi, in *Opere minori*. Milano, Ricciardi, 1979.

-, *Questio de aqua et terra*. a cura di Francesco Mazzoni. in *Opere minori*. Milano, Ricciardi, 1979.

TESTI DELLE FONTI SECONDARIE

Anicii Manlii Torquati Severini Boetii, *De institutione musica*, a cura di Godofredus Friendlein, Leipzig, Teubner, 1867.

Ahern, John, "Singing the Book: Orality in the Reception of Dante's Comedy", *Annals of Scholarship* II (1981), pp. 17-40.

Aristotele, *De anima*, Trad. Hugh Lawson-Tancred. Bungay, Penguin, 1986.

-, *Metaphysics*, Trad. Richard Hope, Ann Arbor, Michigan, University of Michigan Press, 1994.

Assunto, Rosario, *Ipotesi e postille sull'estetica medioevale*, Milano, Marzorati, 1975.

Auerbach, Eric. *Studi su Dante*, Milano, Feltrinelli, 1966.

Barbi, Michele "Dante: Vita opere e fortuna." *Dante: tutte le opere*, a cura di Luigi Blasucci. Firenze, Sansoni, 1981.

Bignami, Ernesto. *La divina commedia: schemi, riassunti, analisi dei singoli canti*. Milano, Edizioni Bignami, 1967.

Boezio. *Fundamentals of Music*, Trad. Calvin M. Bower. a cura di Claude V. Palisca. New Haven, Yale UP, 1989.

Bonaventura, Santo. *Itinerarium mentis in Deum*. Edizione: *Opera theologica selecta: Tria opuscula sermones theologici*. Firenze, Quaracchi, 1964.

Bonaventura, Arnaldo. *Dante e la musica*, Livorno, n.p., 1904.

Cassiodorus. *Institutiones*, a cura di R. A. B. Mynors. Oxford, Oxford UP, 1937.

Charity, A.C. *Events and Their Afterlife*, Cambridge, Cambridge UP, 1966.

Ciceronis, M. Tulli. *De republica*, Lipsia, Academia Scientiarum Germanica Berolinensis, 1958.

Cogan, Marc. "Delight, Punishment, and the Justice of God in the *Divine Comedy*."

Corti, Maria. *Principi della comunicazione letteraria*, Milano, Bompiani, 1976.

-, *I metodi attuali della critica in Italia*, Torino, ERI, 1980.

Croce, Benedetto. *Teoria e storia della storiografia*, Bari, Laterza, 1943.

De Bruyne, Edgar. *The Esthetics of the Middle Ages*. Trans. Eileen B. Ennessy. New York, Frederick Ungar, 1969.

Dionigi, Aeropagita. *Tutte le opere*, Milano, Rusconi, 1981.

Eco, Umberto. *Il problema estetico in Tommaso d'Aquino*, Milano, Bompiani, 1970.

-, *La struttura assente*. Milano, Bompiani, 1968.

-, *On the Medieval Theory of Signs*, Trad. Shona Kelly. a cura di Umberto Eco, Costantino Marmo. Amsterdam, John Benjamins, 1989.

-, *Six Walks in the Fictional Woods*, Cambridge, Mass., Harvard UP, 1994

Eilbroun, Denise. "*Concentus musicus*: the Creaking Hinges of

Dante's Gate of Purgatory", *Rivista di Studi Italiani* 2, 1984, pp. 1-15.

-, "Master Adam and the Fat-Bellied Lute", *Dante Studies* 101, 1983, pp. 51-65.

Elder, Leo. *Aristotle's Theory of the One: A Commentary on Book X of t he* Metaphysics. Assen, Van Gorcum, 1960.

Ellinwood, Leonard, "Ars Musica", *Speculum* 20, 1945, pp. 290-99.

Enciclopedia dantesca, a cura di Umberto Bosco, Roma, Istituto dell'Enciclopedia Italiana, 1970.

Enciclopedia italiana, G. Treccani, 1930.

Encyclopaedia Britannica, Edizioni 1959 e 1986.

Freccero, John. *Dante: The Poetics of Conversion*, Cambridge, Harvard UP, 1986.

Gérold, Théodore, *Les Pères de l'église et la musique*, Paris, Librairie Félix Alcan, 1931.

Gorni, Guglielmo. *Lettera, nome, numero: l'ordine delle cose in Dante*. Bologna, Il Mulino, 1990.

Guido d'Arezzo, "Micrologus Guidonis de disciplina artis musicae". Trad. Warren Babb. *Hucbald, Guido, and John on Music: Three Medieval Treatises*, a cura di Claude V. Palisca. New Haven, Yale UP, 1978.

Harder, Paul O., Greg A. Steinke. *Basic Materials in Music Theory*, Boston, Allyn & Bacon, 1991.

Heilbroon, Denise, "*Concentus musicus*: the Creaking Hinges of Dante's Gate of Purgatory", *Rivista di Studi Italiani* 2, 1984, pp. 1-15.

Hollander, John, *The Untuning of the Sky:Ideas of Music in English Poetry, 1500-1700*, Princeton, N.J., Princeton UP, 1961.

Hollander, Robert, "The New Song and the Old", *Lectura Dantis* 6, 1990, pp. 28-45.

-, *Allegory in Dante's Commedia*. Princeton, N.J., Princeton UP, 1969.

-, "The Darthmouth Dante Project", 1984, Online, Internet.

Hucbald, Guido, and Johon on Music: *Thre medieval Treatises*, Trans. Warren Babb, a cura di Claude V. Palisca, New Haven, Yale UP, 1978.

Iannucci, Amilcare A. "Dottrina e allegoria in *Inferno* VIII, 67 IX, 105', a cura di Michelangelo Picone, in *Dante e le forme dell'allegoresi*, Ravenna, Longo, 1993.

-, Introduzione, *Dante e la `bella scola' della poesia: Autorità e sfida poetica*, a cura di Amilcare Iannucci, Ravenna, Longo, 1993, pp. 7-37.

-, *Forma ed evento nella Divina Commedia*, Roma, Bulzoni, 1984.

-, "Musica e ordine nella *Divina commedia (Purgatorio* II)", *Studi americani su Dante*, a cura di Gian Carlo Alessi, Robert Hollander. Milano, Franco Angeli, 1984. Quest'articolo è la traduzione italiana dell'originale inglese: "Casella's Song and the Tuning of the Soul" *Thought: A Review of Culture and Idea* 65, 1990, pp. 27-46. (Il testo inglese contiene anche la bibliografia).

-, "Casella's Song and the Tuning of the Soul", *Thought: A Review of Culture and Idea* 65, 1990, pp. 27-46.

La musica nel tempo di Dante, a cura di Luigi Pestalozza, Milano, Unicopli, 1988.

MacDonald Cornford, Francis. *Plato's Cosmology*, London, Routledge & Kegan, 1966.

Monterosso, Raffaello, "Problemi musicali danteschi", *Cultura e Scuola* 4, 1965, pp. 207-12.

-, "Musica." *Enciclopedia Dantesca* 3, 1971, pp. 1061-65.

Nichomacus of Gerasa, *Introduction to arithmetic*. Trad. Martin Luther D'Oge, New York, MacMillan, 1926.

Ovid, *Metamorphoses*, 2. Vol. trad Frank Justus Miller, Cambridge, Mass., Harvard University Press, 1984.

Plato, *The Republic of Plato*, Trad. Francis MacDonald Conford. Oxford, Oxford UP, 1973.

Picchi, Alessandro, "La musicalità dantesca nel quadro delle metodologie filosofiche medievali", *Annali dell'istituto di studi danteschi* 1, 1967, pp. 155-94.

Pirrotta, Nino, "Poesia e musica." *La musica nel tempo di Dante* a cura di Luigi Pestalozza, Milano, Unicopli, 1986.

"Pythagoras", *Encyclopaedia Britannica*, 1959, 1986.

Ross, W.D., *The Metaphysics of Aristotle*, Oxford, Oxford UP, 1953.

Reese, Gustave, *Music in the Middle Ages*, 1940, New York, Norten,

1968.

Russo, Vittorio, "Musica/musicalità nella struttura della *Commedia* di Dante", *La musica nel tempo di Dante*, a cura di Luigi Pestalozza, Milano, Unicopli, 1986.

Sanguineti, Edoardo, "Canzone sacra e canzone profana", *La musica nel tempo di Dante*, a cura di Luigi Pestalozza, Milano, Unicopli, 1986.

S. Augustini, *Confessionum libris. Patrologia Latina* Vol. 32. a cura di J. P. Migne, Parisiis, Venit Apud Editorem, 1845.

S. Thomae, Aquinatus, *Summa theologica*, Tourinorum, Petri Marietti, 1885.

Sarolli, Gian Roberto, *Prolegomena alla Divina Commedia*, Firenze, Olschki, 1971.

Scholes, Robert, *Structuralism in Literature*, New Haven, Yale UP, 1974.

Schrade, Leo, "Music in the Philosophy of Boethius", *Musical Quarterly*, 1947, pp. 188-200.

Segre, Cesare, *Teatro e romanzo*, Torino, Einaudi, 1984.

Singleton, Charles S., *Dante Studies I: Commedia, Elements of Structure*, 1954, Cambridge, Harvard UP, 1970.

-, "In exitu Isräel de Aegypto", *78th Annual Report of the Dante Society of America*, 1960, Republished in *La poesia della Divina Commedia*, Bologna, Il Mulino, 1978, pp. 495-520.

Spitzer, Leo, *Classical and Christian Ideas of World Harmony*, a cura di Anna Granville Hatcher, Baltimore, The Johns Hopkins UP, 1963.

-, *Studi italiani*, Milano, Vita e Pensiero, 1976.

Stallbaum, Gottfriend, *Platon's Opera Omnia*, 2nd ed. Gotha, Hennings, 1857.

Stevens, John E., "Dante and Music", *Italian Studies* 23, 1968, pp. 1-18.

Strunk, Oliver, trans. *Source Readings in Music History*, New York, W.W. Norton, 1950.

Terni, Clemente, "Simbolo e segno di memoria musicale: 'Littera' in Dante, `syllaba' in Leonardo", *Studi danteschi*, Firenze, Le Lettere, 1986.

The Liber Usualis, Intr. and rubr. by the Benedictine friers of Solesmes, Belgium, Turnai, Desclées, 1952.

Thomas, Aquinus, *Commentary on the Metaphysics of Aristotle*, Trad. John P. Rowan. Chicago, Henry Regnery, 1961.

Tucker, Dunston J., "In exitu Isräel de Aegypto: *the Divine Comedy in the Light of Easter Liturgy*", *The American Benedictine Review* 11, 1960, pp. 43-61.

Virgil, *Aeneid*, 2. Vol. trad. H. Rushton Fairclough, Cambridge Mass., Harvard University Press, 1978.

Wingell, A. E., "Dante St. Augustine and Astronomy." *Quaderni d'italianistica* 2, 1981, pp. 123-42.

www.ingramcontent.com/pod-product-compliance
Lightning Source LLC
Chambersburg PA
CBHW050128030726
47505CB00007B/2084